KB260161

www.donginrang.co.kr

[주]동인랑

홈페이지에서 **외국어**를 더욱 가깝게 느껴보세요.

일주일에 한번씩
홈페이지에서 제공하는
재미있는
영어
일본어
중국어 회화를 배워보세요.

[주]동인랑에서는 참신한 외국어 원고를 모집합니다

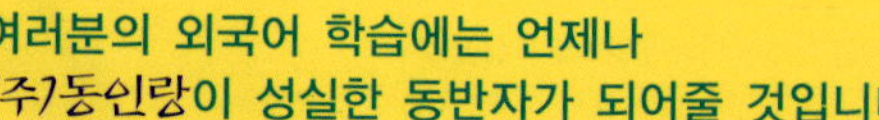
여러분의 외국어 학습에는 언제나
(주)동인랑이 성실한 동반자가 되어줄 것입니다.

중국어 회화

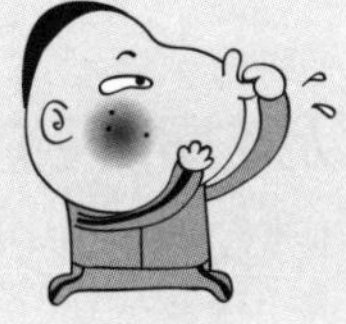

동인랑

중국어를 처음 시작하는 분들에게

처음 한국에 왔을 때 주변에서 안녕하세요를 중국어로 어떻게 말하냐고 물어보는 사람들이 많았습니다. 하지만 요즘은 你好!니 하오 를 모르는 사람은 아마 거의 없을 것입니다. 그 정도로 중국어가 한국 사람들에게 익숙해졌고 또 중국어를 배우는 사람들이 많아졌다는 것입니다.

치열한 경쟁 속에서 단연 돋보이는 중국어 실력을 쌓자면 물론 본인의 노력이 중요하겠지만 첫 입문 교재로 어떤 책을 선택하느냐도 매우 중요합니다.

世上无难事, 只怕有心人
뜻있는 사람에게는 세상에 어려운 일이 없다!

이 책을 쓰면서 가장 많이 고민한 점이 바로 시중에 수없이 많은 중국어 교재들과 차별화를 두는 것이었습니다.

가장 기본적인 **상황별 회화**를 바탕으로 문장을 선택함에 있어서 현지인들이 가장 많이 사용하는 표현들로 구성했고, 문법은 이론보다는 다양한 예문을 통해서 쉽게 이해할 수 있도록 했으며, 같은 상황에서도 여러 가지 표현을 사용해야 하는 점을 감안해 최대한 많은 회화 표현들을 소개해 놓았습니다. 그 밖에도 기존의 교재에서는 찾아 보기 어려운 중국생활에서 알아둬야 하는 기본적인 상식들을 내용에 담았습니다. 실제 생활에서 쓸 수 있는 살아 있는 대화를 통해 여러분이 쉽고 재미있게 중국어를 익히시길 바랍니다. 중국어는 어렵다는 선입견을 버리고 과감하게 도전해 보십시오.

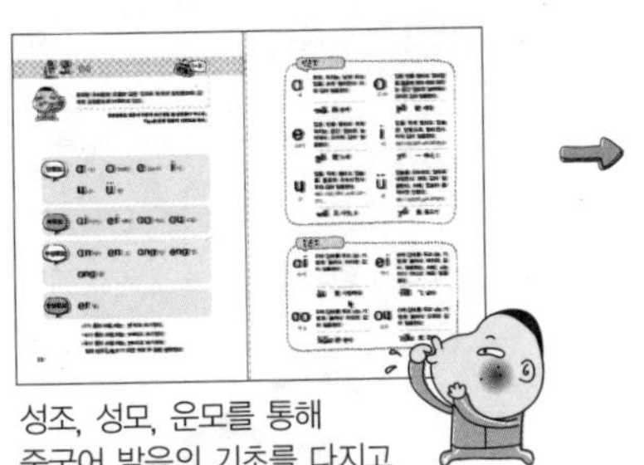

일상회화를 위한
기초회화를
알아본다.

성조, 성모, 운모를 통해
중국어 발음의 기초를 다지고

우리말 발음으로 배우는
쉽고도 유용한
실제 중국어회화와
새 단어를 익힌 후,

POINT&해설에서
회화에 꼭 필요한
기초문법을 알아본다.

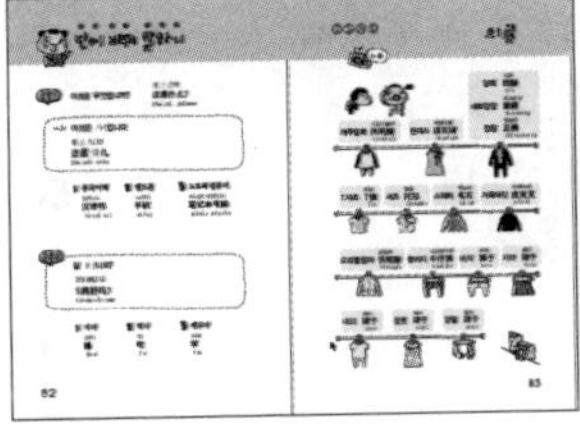

본문회화문 중 중요표현을
단어 바꿔말하기를 통해
연습하면서 응용력을 키우고
테마단어에서는
도움이 되는 단어들을
재미있는 일러스트와 함께
배워본다.

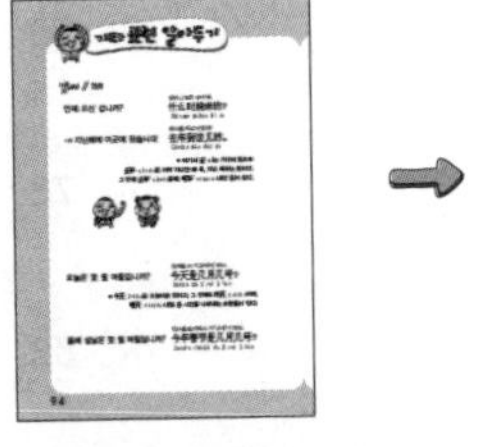

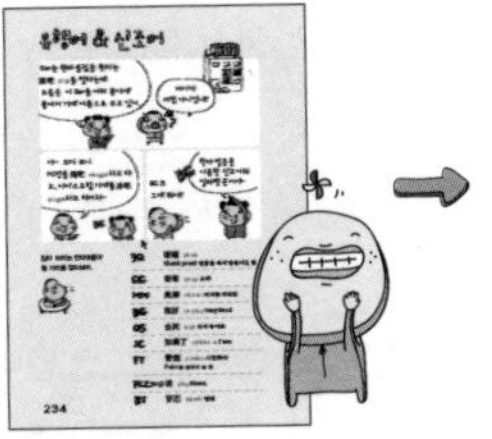

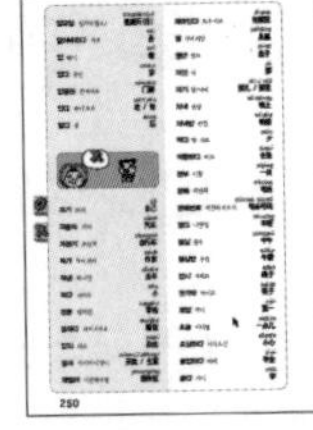

기타 표현 알아두기에서
추가로 알아야할 표현들을
더 알아보고

중국 문화도
아울러 알아본다.

가나다순으로 정리된
유용한 한·중 단어를
필요할 때마다 활용한다.

오늘의 중국어

★ 한어와 보통화

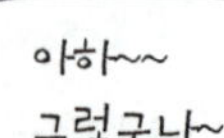

간체자

중국어 공부한다더니 뭐해?
한자가 너무 어려워서 잠깐 머리 식히고 있는 중이야~
중국에서 사용하는 한자는 누구나 쉽게 따라 쓸 수 있는 간단한 간체자 簡体字 라는거 몰라?
쉽게 말하면 중국식 약자야.
그런것도 있어?
國 → 国
현재 우리가 사용하는 정자체 한자는 번체자 로 대만과 홍콩 등에서 사용되고 있어.
그럼 우선 간체자를 중심으로 연습을 많이 해야 겠다~

你好!
근데, 저걸 어떻게 읽지?
한자는 뜻글자(표의 문자)야. 즉, 글자가 의미만을 나타내기 때문에 어떻게 읽어야 하는지 알 수가 없어.
Nǐ hǎo
알파벳을 이용하여 발음기호를 표시하고 있어. 이것을 한어병음(汉语拼音), 줄여서 병음이라고 해.
그럼 어떻게 해?
간체자
한어병음
国 guó
주음부호
번체자
國 ㄍㄨㄛˊ
중국에서는 한어병음을 1958년부터 사용하고 있으며 대만에서는 주음부호
예) ㄆ, ㄏ, ㄔ, ㄅ... 를 사용하고 있어.
ㄔ
ㄅ
ㄆ
ㄏ

중국어의 특성

★ 성조가 있다

그러나 현대 중국어는 한자 두 개 이상이 모여 하나의 뜻을 이루며
점점 다음절화되어 가고 있어.

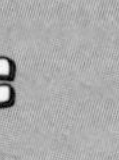

✷ 어법상의 특징

1. 격에 따른 변화가 없다
2. 동사의 변화가 없다
3. 명사의 성별 및 단수 · 복수의 변화가 없다

우리말로 배우는 **중국어 회화**

자~
마지막 셋째 는

명사의 성별 및 단수·복수의
변화가없고 관사나
관계대명사도 없어.

없는게 너무 많은거 아냐?
중국어 너무 쉬운거 같은데?

또한 우리말에 발달되어 있는
존칭어 또한 대단히 단순해서
请, 敬, 老 등만 사용해도
존칭어로 충분해~

아~ 정말
중국어 할만 하네~

원래 중국어는 띄어쓰기가 없어.
단, 한어 병음과 한글 발음 에서만
초보자들의 학습 편의를 위해
한 단어씩 띄어쓰기를 했어.

쩌 스 셤머
这是什么?
Zhè shì shénme

성조 声调

성조는 크게 4가지, 즉 1성·2성·3성·4성으로 나누는데
이를 **4성** 四声 이라고 한다.

**성조에 따라 같은 음이라도 뜻이 달라지며 같은 글자라도
성조가 달라질 경우 뜻이 달라진다.**

정확한 발음을 구사했더라도 성조가 틀리면 의미 전달이 제대로
이루어 지지 않는다. 중국어를 배우는 초기에 매 글자의 성조를
정확히 기억하고 많은 연습을 통하여 자연스럽게 익혀야 한다.

★ 4성

아주 높은음에서 시작하여 같은 높이로 끝까지 발음한다.

mā
妈 엄마

중간음에서 아주 높은 음으로 올라가 며 소리를 낸다.

má
麻 삼베

약간 낮은음에서부터 아주 낮은 음으로 떨어졌다가 다시 올라가며 소리를 낸다.

mǎ
马 말

아주 높은 음에서 아주 낮은 음으로 뚝 떨어지게 소리를 낸다.

mà
骂 욕하다

✱ 성조 부호의 표기 방법

1. 모음이 하나만 있을 경우, 그 모음 위에 표기하며 모음 i에 성조부호를 붙일 때는 i 위의 점을 없애고 표기한다.

ta → tā 他 그

2. 둘 이상의 모음이 있을 경우, 성조부호는 주요 모음 입 벌리기가 큰 모음인 a, e, o 순으로 표기한다. 모음 a가 있으면 a위에 붙이고 a가 없으면 e, o 위에 표기한다.

hao → hǎo 好 좋다   duo → duō 多 많다

3. **모음 i, u, ü 가 있을 경우에는 가장 끝에 쓰인 모음 위에 표기한다.**

hui → huí 回 돌아오다   liu → liù 六 여섯

4. 경성은 성조를 표기하지 않는다.

ma 吗 ~까?

✱ 격음 부호

a, e, o 로 시작되는 음절이 다른 음절의 뒤에 올 때는 두 음절의 구분을 확실히 하기 위해서 그 사이에 **격음부호**를 쓴다.

nǚ'ér 女儿 딸   tiān'ānmén 天安门 천안문

★ 경성

4성 이외에 본래의 성조가 변하여 짧고 가볍게 발음해주는 경우가 있는데 이를 **경성** 轻声 이라고 한다.
경성은 대체로 표기를 하지 않거나 모음 위에 · 으로 표기하기도 한다. 경성으로 소리를 내는 경우는 다음과 같다.

- 음이 같거나 뜻이 같은 말이 중복되어 쓰일 때

  māma
  마마
  妈妈 엄마

- 조사로 쓰이는 경우

  nǐ ne
  니 너
  你呢 당신은요?

- 뜻이 같은 글자끼리, 또는 반대인 글자끼리 쓰일 때

  dōngxi
  똥시
  东西 물건

- 접미사로 쓰이는 경우

  wǒmen
  워먼
  我们 우리들

★ 3성의 성조 변화

3성 뒤에 3성이 연이어 올 경우, 발음상의 편의를 위해 앞의 3성은 2성으로 변한다. 그러나 표기는 그대로 3성으로 하고 **발음**만 2성으로 변한다.

nǐ hǎo → ní hǎo
니 하오
你好! 안녕하세요!

3성은 제 1, 2, 4성 및 경성 앞에서는 3성의 발음 부분 중 내려가는 앞부분만을 소리내는데 이것을 반 3성이라고 한다.

lǎo shī
라오스
老师 선생님

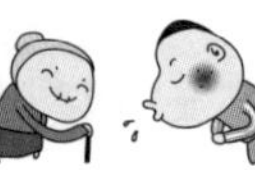

✱ 不의 성조 변화

不 bù 는 원래 4성이지만 뒤에 4성이나 4성이 변한 경성이 올 경우, 2성으로
발음이 변한다.

bù shì → bú shì　　不是 ~가 아니다

✱ 一의 성조 변화

1. 一 yī 는 원래 1성이지만 뒤에 4성이나
   4성이 변한 경성이 올 경우, 2성으로 발
   음이 변한다.

   • yí ge　　一个 한 개

2. 뒤에 1 · 2 · 3성이 올 경우, 4성으로 발음
   이 변한다.

   • yì tiān　　一天 하루

3. 서수로 쓰일 때는 그대로 1성으로 발음한다.

   • yī yuè　　一月 1월

✱ 형용사의 중첩

일부 형용사는 중첩 두번 반복 하여 부사로 쓰이는 경우, 두번째 음절의 성조가
원래의 성조와 상관없이 1성으로 변하고 소리는 얼화 儿化가 이루어진다.

mànmānr　　慢慢儿 천천히

hǎohāor　　好好儿 아주, 잘

중국어의 음절은 **성모**와 **운모**로 구성되어 있다.
성모란 우리말의 **자음**과 같은 것으로 모두 21개로 이루어져 있다.

한글발음은 원음에 가깝게 표기했을 뿐 실제음이 아니다.
Tape를 통해 정확히 익히도록 하자.

순음	b 뽀	p 포	m 모	f 포
설철음	d 떠	t 터	n 너	l 러
설근음	g 꺼	k 커	h 허	
설면음	j 지	q 치	x 시	
권설음	zh 즈	ch 츠	sh 스	r 르
설치음	z 쯔	c 츠	s 쓰	

b
뽀

입술을 붙였다가 떼면서 뽀와 같이 발음한다. 우리말의 ㅂ,ㅃ에 해당한다.

빠
bā 八 여덟, 8

p
포

b와 발음 방법은 같으나 입김을 강하게 내보내면서 포와 같이 발음한다. 우리말의 ㅍ에 해당한다.

피야오
piào 票 표

m
모

입술을 다물었다가 떼며 입김을 코로 내보내면서 모와 같이 발음한다. 우리말의 ㅁ에 해당한다.

미
mǐ 米 쌀

f
포

윗니를 아랫입술에 가볍게 갖다 대며 포와 같이 발음한다. 영어의 f와 같은 발음이다.

반
fàn 饭 밥

d
떠

혀끝을 윗잇몸에 붙였다가 떼면서 떠와 같이발음한다. 우리말의 ㄷ, ㄸ에 해당한다.

따
dà 大 크다

t
터

d와 발음 방법은 같으나 입김을 강하게 내보내면서 터와 같이 발음한다. 우리말의 ㅌ에 해당한다.

팅
tīng 听 듣다

n
너

d와 발음 방법은 같으나 입김을 코로 내보내면서 너와 같이 발음한다. 우리말의 ㄴ에 해당한다.

니
nǐ 你 너, 당신

l
러

혀끝을 윗잇몸에 붙였다가 떼며 혀 양측으로 입김을 내보내면서 러와 같이 발음한다. 우리말의 ㄹ에 해당한다.

라이
lái 来 오다

g
꺼

허뿌리를 여린 입천장 연구개에 붙였다 떼면서 **꺼**와 같이 발음한다. 우리말의 ㄱ, ㄲ에 해당한다.

까오
gāo 高 높다

k
커

g와 발음 방법은 같으나 입김을 강하게 내보내면서 **커**와 같이 발음한다. 우리말의 ㅋ에 해당한다.

코우
kǒu 口 입

h
허

허뿌리를 여린 입천장에 닿을 듯 말 듯하게 한 후 그 사이로 숨을 내보내면서 **허**와 같이 발음한다. 우리말의 ㅎ에 해당한다.

하이
hǎi 海 바다

j
지

혓바닥을 굳은 입천장 경구개에 가볍게 붙였다 떼며 **지**와 같이 발음한다. 우리말의 ㅈ에 해당한다.

진
jīn 金 금

q
치

j와 발음 방법은 같으나 입김을 강하게 내보내면서 **치**와 같이 발음한다. 우리말의 ㅊ에 해당한다.

치
qī 七 일곱, 7

x
시

혓바닥을 경구개에 가까이 대고 그 사이로 공기를 마찰시켜 **시**와 같이 발음한다. 우리말의 ㅅ에 해당한다.

시야오
xiǎo 小 작다

권설음   음가없는 i 를 붙여서 읽는다

zh (즈)
허끝을 말아올려 입천장에 가볍게 닿았다 떼면서 그 사이로 공기를 마찰시켜 **ㅈ**와 같이 발음한다.

zhè (쩌) 这 이것

ch (츠)
zh과 발음 방법은 같으나 입김을 강하게 내보내면서 **ㅊ**와 같이 발음한다.

chī (츠) 吃 먹다

sh (스)
허끝이 입천장에 닿을 듯 말 듯한 상태에서 그 사이로 공기를 마찰시켜 **ㅅ**와 같이 발음한다.

shū (슈) 书 책

r (르)
sh과 발음 방법은 같으나 성대를 울리면서 **ㄹ**와 같이 발음한다.

rè (러) 热 덥다

설치음   음가없는 i 를 붙여서 읽는다

z (쯔)
허끝을 쭉 펴고 윗니 안쪽에 붙였다가 떼면서 그 사이로 공기를 마찰시켜 **ㅉ**와 같이 발음한다. 우리말의 **ㅉ**에 해당한다.

zuò (쭈어) 坐 앉다

c (츠)
z와 발음 방법은 같으나 입김을 강하게 내보내면서 **ㅊ**와 같이 발음한다. 우리말의 **ㅊ**에 해당한다.

cài (차이) 菜 음식

s (쓰)
허끝이 윗니 안쪽에 닿을 듯 말 듯한 상태에서 그 사이로 공기를 마찰시켜 **ㅆ**와 같이 발음한다. 우리말의 **ㅆ**에 해당한다.

sān (싼) 三 셋, 3

운모란 우리말의 **모음**과 같은 것으로 16개의 일반운모와 22개의 결합운모로 이루어져 있다.

한글발음은 원음에 가깝게 표기했을 뿐 실제음이 아니다.
Tape를 통해 정확히 익히도록 하자.

★ 일반 운모

단운모

a 아   **o** 오(어)   **e** (으)어   **i** 이

u 우   **ü** 위

복운모

ai 아이   **ei** 에이   **ao** 아오   **ou** 오우

부성운모

an 안   **en** 언   **ang** 앙   **eng** 엉

ong 옹

권설운모

er 얼

- **i**가 혼자 쓰일 때는, **yi** 라고 표기한다.
- **u**가 혼자 쓰일 때는, **wu**라고 표기한다.
- **ü**가 혼자 쓰일 때는, **yu** 라고 표기하고
  앞에 성모 **j, q, x** 가 오면 위의 두 점은 생략한다.

a (아) — 혀의 위치는 낮게 하고 입을 크게 벌리면서 **아** 와 같이 발음한다.

mā 妈 엄마 (마)

e ((으)어) — 입은 반쯤 벌리고 혀의 위치는 중간 정도의 높이에서 **으어**와 같이 발음한다.

gē 歌 노래 (꺼)

u (우) — 입을 작게 벌리고 입술을 둥글게 오므리면서 우와 같이 발음한다. 혼자 쓰일 경우, wu로 표기한다.

wǔ 五 다섯, 5 (우)

o (오(어)) — 입은 반쯤 벌리고 입모양을 둥글게 하여 혀의 위치는 중간 정도의 높이에서 **오어**와 같이 발음한다.

pò 破 깨다 (포어)

i (이) — 입을 작게 벌리고 입술은 양옆으로 벌리면서 **이**와 같이 발음한다. 혼자 쓰일 경우, yi로 표기한다.

yi 一 하나, 1 (이)

ü (위) — 입술을 오므리고 앞으로 내밀면서 **위**와 같이 발음한다. 이때, 입술이 움직이면 안된다. 혼자 쓰일 경우, yu로 표기한다.

yú 鱼 물고기 (위)

ai (아이) — a에 강세를 두고 i는 가볍게 붙여서 **아이**와 같이 발음한다.

ài 爱 사랑하다 (아이)

ao (아오) — a에 강세를 두고 o는 가볍게 붙여서 **아오**와 같이 발음한다.

hǎo 好 좋다 (하오)

ei (에이) — e에 강세를 두고 i는 가볍게 붙여서 **에이**와 같이 발음한다. 이때, e는 어가 아니고 에로 발음된다.

fēi 飞 날다 (페이)

ou (오우) — o에 강세를 두고 u는 가볍게 붙여서 **오우**와 같이 발음한다.

zǒu 走 걷다 (조우)

an
안

먼저 a를 발음하다가 콧소리인 n을 붙여 안과 같이 발음한다.

nán 난 男 남자

en
언

먼저 e를 발음하다가 콧소리인 n을 붙여 언과 같이 발음한다.

rén 런 人 사람

ang
앙

먼저 a를 발음하다가 콧소리인 ng을 붙여 앙과 같이 발음한다.

shàng 샹 上 위

eng
엉

먼저 e를 발음하다가 콧소리인 ng을 붙여 엉과 같이 발음한다.

lěng 렁 冷 춥다

ong
옹

먼저 o를 발음하다가 콧소리인 ng을 붙여 옹과 같이 발음한다.

hóng 홍 红 붉다

er
얼

먼저 e를 발음하다가 혀끝을 말아 올리면서 얼과 같이 발음한다. 단독으로 음절을 이루거나 다른 운모 뒤에서 얼화운모가 된다.

èr 얼 二 둘, 2

★ 얼화 儿化

명사 뒤에 儿 ér 을 붙여 발음이 변화하는 것을 말하며 표기는 일률적으로 마지막 음절 뒤에 -r만 써주면 된다.
특별한 의미는 없고, 작고 귀여우며 친숙한 것을 부를 때, 또는 습관적으로 쓰는데 베이징 일대의 지방에 나타나는 특징이다. 발음하는 방법은 다음과 같다.

● 마지막 모음이 -a, -o, -e, -u 로 끝날 때는 ㅓ -ㄹ 음만 첨가된다.

huār 花儿 꽃 _{화ㅡㄹ}

● 마지막 모음이 -ai, -ei, -n, -ng 로 끝날 때는 -i 나 -n, -ng 음이 탈락되면서 ㅓ -ㄹ 음만 첨가된다.

nánháir 男孩儿 남자아이 _{난하ㅡㄹ}

● 마지막 모음이 -i, -ü 로 끝날 때는 -er -얼 음이 첨가된다. 또한 -in, -ing 로 끝날 때는 -n, -ng 음이 탈락되면서 -er -얼 음이 첨가된다.

shuǐr 水儿 물, 즙 _{쉐이-얼}

xìnr 信儿 편지 _{씨-얼}

☆ 결합 운모

i와 결합
ia 야　ie 예　iao 야오　iou 요우
ian 이앤　iang 양　in 인　ing 잉
iong 융

u와 결합
ua 와　uo 워　uai 와이　uei 웨이
uan 완　uang 왕　uen 원　ueng 웡

ü와 결합
üan 위앤　üe 위에　ün 윈

♦ **i**로 음절이 시작될 경우, **i**를 **y**로 바꾸어 표기한다.
♦ **iou**는 앞에 성모가 오면 **o**를 생략하고 **-iu**라고 표기한다.
♦ **u**로 음절이 시작될 경우, **u**를 **w**로 바꾸어 표기한다.
♦ **uei, uen**는 앞에 성모가 오면 **e**를 생략하고 **-ui, -un**이라고 표기한다.
♦ **ü**로 음절이 시작될 경우, **yu**로 바꾸어 표기하고
앞에 성모 **j, q, x** 가 오면 **ü** 위의 두 점은 생략한다.

ia
야

a에 강세를 두고 **이아** [야]와 같이 발음한다.

시아
xià　下 아래

ie
예

e에 강세를 두고 **이에** [예]와 같이 발음한다. 이 때, e는 어가 아니고 **에** 로 발음된다.

시에
xiè　谢 감사하다

iao
야오

a에 강세를 두고 **이아오** [야오]와 같이 발음한다.

치야오
qiáo　桥 다리

iou
요우

o에 강세를 두고 **이오우** [요우]와 같이 발음한다. 앞에 성모가 오면 o가 없어지 고, −iu로 표기한다.

지요우
jiǔ　九 아홉, 9

ian
이앤

a에 강세를 두고 **이안이** 라고 발음하지 않고 이 앤과 같이 발음한다.

티앤
tiān　天 하늘

iang
양

a에 강세를 두고 **이앙** [양]와 같이 발음한다.

량
liǎng 两 둘

in
인

먼저 i를 발음하다가 n 을 붙여 인과 같이 발음 한다.

신
xīn　新 새롭다

ing
잉

먼저 i를 발음하다가 ng 를 붙여 잉과 같이 발음 한다.

핑
píng　瓶 병

iong
용

먼저 i를 발음하다가 ong을 붙여 **용과 융의 중간음**을 낸다.

송
xiōng 兄 형

ua
와

a에 강세를 두고 우아 [와]와 같이 발음한다.

huā 花 꽃 (화)

uo
워

o에 강세를 두고 우오 [워]와 같이 발음한다.

wǒ 我 나 (워)

uai
와이

a에 강세를 두고 우아이 [와이]와 같이 발음한다.

kuài 快 빠르다 (콰이)

uei
웨이

e에 강세를 두고 우에이 [웨이]와 같이 발음한다. 앞에 성모가 오면 e가 없어지고, –ui로 표기한다.

shuǐ 水 물 (쉐이)

uan
완

a에 강세를 두고 우안 [완]과 같이 발음한다.

wǎn 晚 저녁 (완)

uang
왕

a에 강세를 두고 우앙 [왕]과 같이 발음한다.

huáng 黄 노란색 (황)

uen
원

e에 강세를 두고 우언 [원]과 같이 발음한다. 앞에 성모가 오면 e가 없어지고, –un으로 표기한다.

chūn 春 봄 (춘)

ueng
윙

e에 강세를 두고 우엉 [윙]과 같이 발음한다. 혼자 음절을 이루며 다른 성모와 결합할 수 없다.

wēng 翁 노인 (윙)

ü와 결합한 운모

üan
위앤

위안이라고 발음하지 않고 **위앤**과 같이 발음해야 한다.

yuǎn   위앤   远 멀다

üe
위에

ü에 강세를 두고 **위에**와 같이 발음한다. 이때, e 는 어가 아니고 **에**로 발음된다.

xuě   쉬에   雪 눈

ün
윈

먼저 ü를 발음하다가 n을 붙여 **윈**과 같이 발음한다.

yún   윈   云 구름

★ 안녕하세요. 니 하오
Nǐ hǎo
你好!

★ 안녕하세요? 니 하오 마
Nǐ hǎo ma
你好吗?

★ 좋은 아침입니다.아침인사 자오샹 하오
Zǎoshang hǎo
早上好!

★ 안녕하세요.저녁인사 완샹 하오
Wǎnshang hǎo
晚上好!

★ 오래만이에요. 하오지요우 부 찌앤
Hǎojiǔ bú jiàn
好久不见。

★ 요즘 어떻게 지내요? 쭈이찐 쩐머양
Zuìjìn zěnmeyàng
最近怎么样?

★ 건강은 어떠세요? 션티 하오 마
Shēntǐ hǎo ma
身体好吗?

❀ 매우 좋아요. 팅 하오
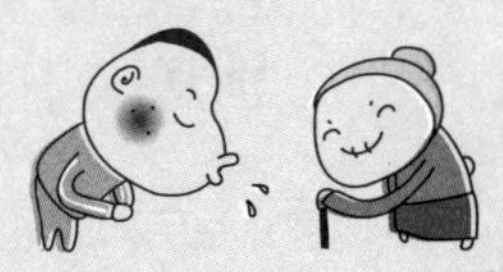

Tǐng hǎo

挺好。

❀ 그런대로 괜찮습니다. 하이 하오

Hái hǎo

还好。

❀ 여전합니다. 라오 양즈

Lǎo yàngzi

老样子。

❀ 그저 그래요. 마마후후

Mǎmǎhūhū

马马虎虎。

❀ 안녕히 가세요, 또 만나요. 짜이찌앤

Zàijiàn

再见!

❀ 내일 만나요. 밍티앤 찌앤

Míngtiān jiàn

明天见!

❀ 잠시 후에 뵙겠습니다. 이훨 찌앤

Yíhuìr　　jiàn

一会儿见!

❀ 다음 주에 뵐게요. 시아죠우 찌앤

Xiàzhōu jiàn

下周见!

❀ 살펴 가세요. 만 조우

Màn zǒu

慢走。

✤ 배웅 나오지 마세요. 비에 쑹
  Bié sòng
  别送。

✤ 안녕히 주무세요. 완 안
  Wǎn ān
  晚安！

 소개　介绍　　1-A

✤ 처음 뵙겠습니다. 추츠 찌앤미앤
  Chūcì jiànmiàn
  初次见面。

✤ 존함이 어떻게 되십니까? 닌 꿰이 씽
  Nín guì xìng
  您贵姓？

✤ 저는 이씨이고 시야오밍이라고 합니다. 미앤 꿰이 씽 리, 찌야오 시야오밍
  Miǎn guì xìng Lǐ, jiào xiǎomíng
  免贵姓李，叫小明。

✤ 성함이 어떻게 되십니까? 닌 쩐머 청후
  Nín zěnme chēnghu
  您怎么称呼？

✤ 저는 왕영입니다. 워 쓰 왕잉
  Wǒ shì Wángyīng
  我是王英。

✿ 만나서 반갑습니다. 찌앤따오 니 헌 까오씽
Jiàndào nǐ hěn gāoxìng
见到你很高兴。

✿ 당신을 알게 되어 기쁩니다. 런스 니 헌 까오씽
Rènshi nǐ hěn gāoxìng
认识你很高兴。

✿ 반갑습니다. 씽훼이 씽훼이
Xìnghuì xìnghuì
幸会幸会。

✿ 존함을 많이 들었습니다. 지요우원 닌 더 따밍
Jiǔwén nín de dàmíng
久闻您的大名。

✿ 잘 부탁드립니다. 칭 뚜어뚜어 꽌짜오
Qǐng duōduo guānzhào
请多多关照。

* 맞아요. 네. 스
  Shì
  是。

* 아니에요. 부스
  Búshì
  不是。

* 있어요. 요우
  Yǒu
  有。

* 없어요. 메이요우
  Méiyǒu
  没有。

* 맞아요. 뚜에이
  Duì
  对。

* 아니에요, 틀립니다. 부뚜에이
  Búduì
  不对。

* 계십니다. 짜이
  Zài
  在。

* 안 계십니다. 부짜이
  Búzài
  不在。

★ 알았어요. 쯔따오 러
Zhīdao le
知道了。

★ 모르겠어요. 뿌 쯔따오
Bù zhīdào
不知道。

★ 잘 모르겠네요. 부 타이 칭츄
Bú tài qīngchu
不太清楚。

★ 네. 싱
Xíng
行。

★ 안돼요. 뿌싱
Bùxíng
不行。

★ 됐어요. 하오 러
Hǎo le
好了。

★ 틀림없어요. 메이추어
Méicuò
没错。

★ 맞아요. 부추어
Búcuò
不错。

❀ 감사합니다. 시에시에
Xièxie
谢谢！

❀ 고마워요. 뚜어 시에 러
Duō xiè le
多谢了。

❀ 대단히 감사합니다. 타이 간시에 니 러
Tài gǎnxiè nǐ le
太感谢你了。

❀ 도와줘서 고마워요. 시에시에 니 빵 워
Xièxie nǐ bāng wǒ
谢谢你帮我。

❀ 수고하셨습니다. 씬쿠 러
Xīnkǔ le
辛苦了。

❀ 별 말씀을, 괜찮아요. 부시에
Búxiè
不谢。

❀ 별 거 아닙니다. 메이 션머 / 메이 셜
Méi shénme / méi shìr
没什么。/ 没事儿。

❀ 사양하지 마세요. 비에 커치
Bié kèqi
别客气。

✦ 죄송합니다, 미안합니다. 뚜이부치
　　Duìbuqǐ
　　对不起。

✦ 대단히 죄송합니다. 헌 빠오치앤
　　Hěn bàoqiàn
　　很抱歉。

✦ 죄송합니다, 부끄럽습니다. 뿌하오이쓰
　　Bù hǎo yìsi
　　不好意思。

✦ 폐를 끼쳤습니다. 마판 니 러
　　Máfan nǐ le
　　麻烦你了。

✦ 폐를 끼쳤습니다. 다지야오 러
　　Dǎjiǎo le
　　打搅了。

✦ 정말 번거롭게 했군요. 게이 니 티앤 마판 러
　　Gěi nǐ tiān máfan le
　　给你添麻烦了。

✦ 양해해 주세요. 칭 위앤량
　　Qǐng yuánliang
　　请原谅。

✦ 용서해 주세요. 칭 라오슈
　　Qǐng ráoshù
　　请饶恕。

✿ 괜찮아요. 메이 꽌씨
Méi guānxi
没关系。

✿ 별 거 아니에요. 메이 션머
Méi shénme
没什么。

✿ 천만에요. 날 아 / 나리 나리
Nǎr a / Nǎli nǎli
哪儿啊！/ 哪里哪里。

 축하·기원　祝贺&祝愿 

✿ 축하합니다. 쭈허 니
Zhùhè nǐ
祝贺你!

✿ 축하합니다. 꽁시 꽁시
Gōngxǐ gōngxǐ
恭喜恭喜!

✿ 행복하길 바랄게요. 쭈 니 싱푸
Zhù nǐ xìngfú
祝你幸福。

✿ 생일 축하합니다. 쭈 니 썽르 콰이러
Zhù nǐ shēngrì kuàilè
祝你生日快乐!

★ 성공을 기원합니다. 쭈 니 청꽁
　　　　Zhù nǐ chénggōng
　　祝你成功!

★ 무사하시길 바랍니다. 쭈 니 이루 펑안
　　　　Zhù nǐ yílù píng'ān
　　祝你一路平安。

★ 즐거운 여행 되십시오. 쭈 니 뤼싱 위콰이
　　　　Zhù nǐ lǚxíng yúkuài
　　祝你旅行愉快!

★ 모든 일이 다 잘되시길. 완쓰 루이
　　　　Wànshì rúyì
　　万事如意!

★ 부자 되세요~ 꽁시 파차이
　　　　Gōngxǐ fācái
　　恭喜发财!

★ 새해 복 많이 받으세요. 신니앤 콰이러
　　　　Xīnnián kuàilè
　　新年快乐!

✴ 진짜 멋지다! 타이 빵 러
　Tài bàng le
　太棒了。

✴ 진짜 예쁘다! 타이 메이 러
　Tài měi le
　太美了。

✴ 끝내준다! 쩐 하오
　Zhēn hǎo
　真好。

✴ 와~! 와
　Wā
　哇~!

✴ 아싸, 와~! 와싸이
　Wāsài
　哇塞~!

✴ 아야, 아이고, 아이구! 아이요우
　Āiyō
　哎哟。

✴ 세상에, 맙소사! 티앤 아
　Tiān a
　天啊!

✴ 아차, 아뿔싸! 짜오까오
　Zāogāo
　糟糕。

✸ 야단났다, 망쳤다! 짜오 러
Zāo le
糟了。

✸ 끝장이다! 완 러
Wán le
完了。

✸ 큰일 났다, 야단났다! 뿌 하오 러
Bù hǎo le
不好了。

✸ 아이고 엄마야! 워 더 마 야
Wǒ de mā ya
我的妈呀!

 동의·금지　同意&禁止  1-A

✸ 괜찮나요? 커이 마
Kěyǐ ma
可以吗?

✸ 물론이죠. 땅란 커이
Dāngrán kěyǐ
当然可以。

✸ 안 돼, 안됩니다. 뿌싱, 뿌 커이
Bùxíng, bù kěyǐ
不行, 不可以。

✸ ～하는게 어때요? 하오 마
Hǎo ma
好吗?

★ 그래, 좋아. 하오 바
Hǎo ba
好吧。

★ 마음대로 하세요. 쒜이비앤
Suíbiàn
随便。

★ 가지 마세요. 부야오 조우
Búyào zǒu
不要走。

★ 가까이 오지 마세요. 비에 꾸어라이
Bié guòlai
别过来。

★ 움직이지 마세요. 부야오 똥
Búyào dòng
不要动。

★ 조급해 하지 마세요. 비에 쟈오지
Bié zháojí
别着急。

★ 흡연금지. 칭 우 시이앤
Qǐng wù xīyān
请勿吸烟。

★ 출입금지. 찐즈 추루
Jìnzhǐ chūrù
禁止出入。

★ 정말 짜증나. 하오 판 아
Hǎo fán a
好烦啊！

★ 너무 아쉬워요. 타이 커시 러
Tài kěxī le
太可惜了。

★ 정말 유감이네요. 쩐 이한
Zhēn yíhàn
真遗憾。

★ 마음이 아파요. 하오 씬텅
Hǎo xīnténg
好心疼。

★ 너무 슬퍼요. 하오 난꾸어
Hǎo nánguò
好难过。

★ 정말 불쌍해요. 쩐 커리앤
Zhēn kělián
真可怜。

★ 정말 짜증나요. 쩐 타오이앤
Zhēn tǎoyàn
真讨厌。

★ 미워 죽겠어요. 헌 스 러
Hèn sǐ le
恨死了。

✱ 너무 지나치시네요. 타이 꾸어펀 러
  Tài guòfèn le
  太过分了。

✱ 경우가 없군요. 뿌 지양리 아
  Bù jiǎnglǐ a
  不讲理啊!

✱ 당신 무슨 뜻이죠? 니 션머 이스
  Nǐ shénme yìsi
  你什么意思?

✱ 뭐라고요? 슈어 션머 너
  Shuō shénme ne
  说什么呢?

✱ 말을 어떻게 하는 거에요? 쩐머 슈어화 너
  Zěnme shuōhuà ne
  怎么说话呢?

✱ 됐어, 됐어. 쑤안 러, 쑤안 러
  Suàn le suàn le
  算了算了。

✿ 몇 살이니? 지 쒜이 러
　Jǐ suì le
　几岁了?

➡ 여섯 살이요. 리요우 쒜이
　Liù suì
　六岁。

✿ 올해 나이가 어떻게 되나요? 진니앤 뚜어따 러
　Jīnnián duōdà le
　今年多大了?

➡ 열아홉살입니다. 스지요우 쒜이
　Shíjiǔ suì
　十九岁。

✿ 연세가 어떻게 되십니까? 닌 뚜어따 니앤지 러
　Nín duōdà niánjì le
　您多大年纪了?

➡ 62세입니다. 리요우스 얼
　Liùshí èr
　六十二。

✿ 어디에서 근무하세요? 짜이 나알 꽁쭈어
　Zài nǎr gōngzuò
　在哪儿工作?

➡ 저는 선생입니다. 워 스 라오스
　Wǒ shì lǎoshī
　我是老师。

★ 한 근에 얼마에요? 뚜어샤오 치앤 이 진
Duōshao qián yì jīn
多少钱一斤?

➡ 한 근에 2위앤입니다. 이 진 량 콰이
Yì jīn liǎng kuài
一斤两块。

★ 키가 몇 입니까? 니 뚜어 까오
Nǐ duō gāo
你多高?

➡ 162cm에요. 이 미 리요우얼
Yī mǐ liù'èr
一米六二。

★ 그는 누구입니까? 타 스 셰이
Tā shì shéi
他是谁?

➡ 제 남자 친구에요. 스 워 난펑요우
Shì wǒ nánpéngyou
是我男朋友。

★ 몇 시입니까? 지 디앤 러
Jǐ diǎn le
几点了?

➡ 5분전 11시에요. 차 우 펀 스이 디앤
Chà wǔ fēn shíyī diǎn
差五分十一点。

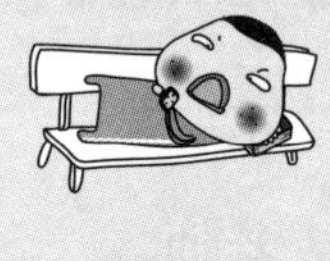

★ 얼마에요? 뚜어샤오 치앤
Duōshao qián
多少钱?

➡ 170위앤이요. 이바이 치
Yībǎi qī
一百七。

★ 너무 비싼 거 아니에요? 타이 꿰이 러 바
Tài guì le ba
太贵了吧?

➡ 전혀 비싸지 않아요. 이디얼 예 부 꿰이
Yidiǎnr　yě bú guì
一点儿也不贵。

★ 너 언제 갈 거니? 니 션머 스호우 조우
Nǐ shénme shíhou zǒu
你什么时候走?

➡ 금방 갈 거에요. 마샹 조우
Mǎshàng zǒu
马上走。

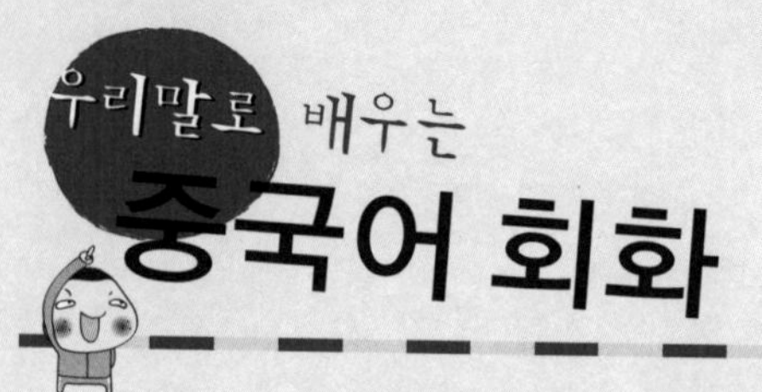
우리말로 배우는
중국어 회화

본문

초면이든 구면이든 사람들이 만나면 서로 인사를 나누는 것은 기본이다. 중국에서 가장 많이 쓰는 **你好!** 니 하오 는 **안녕, 안녕하세요**라는 뜻으로 언제 어디서나 누구에게라도 부담없이 쓸 수 있는 인사말이다.

새로운 단어

- ✿ **你** nǐ 너, 당신
- ✿ **好久** hǎojiǔ 오랫동안
- ✿ **见** jiàn 보다, 만나다
- ✿ **我** wǒ 나
- ✿ **呢** ne ~는요? 의문조사
- ✿ **有** yǒu 있다
- ✿ **事** shì 일
- ✿ **走** zǒu 가다

- ✿ **好** hǎo 좋다
- ✿ **不** bù ~아니다
- ✿ **吗** ma ~까? 의문조사
- ✿ **很** hěn 매우, 아주
- ✿ **马马虎虎** mǎmahūhū 그럭저럭
- ✿ **点儿** diǎnr 좀, 조금
- ✿ **先** xiān 먼저
- ✿ **再** zài 다시

 우리말로 배우는 **중국어 회화**

안녕하세요?

你好! 니 하오
Nǐ hǎo

오랜만이에요. 잘 지냈어요?

好久不见! 你好吗? 하오 지요우 부 찌앤. 니 하오 마
Hǎojiǔ bú jiàn. Nǐ hǎo ma

잘 지냈어요, 당신은 요즘 어때요?

我很好, 你呢? 워 헌 하오, 니 너
Wǒ hěn hǎo, nǐ ne

그저 그렇습니다.

马马虎虎。 마마후후
Mǎmahūhū

저는 일이 좀 있어서 먼저 갈게요.

我有点儿事, 先走了。 워 요우 디얼 스, 시앤 조우 러
Wǒ yǒu diǎnr shì, xiān zǒu le

네, 또 만나요!

好, 再见! 하오, 짜이 지앤
Hǎo, zài jiàn

POINT & 해설

你好! Nǐ hǎo 는 **안녕하세요!**라는 뜻으로 상대방의 안부를 묻는 것이 아니라 단순히 건네는 인사말이다.

你好吗? Nǐ hǎo ma 는 **안녕하십니까?**라는 뜻이며 吗 ma 는 우리말의 ~까?에 해당하는 말로 문장의 맨 끝에 쓰여 의문문을 만들어 준다.

오랜만에 만나는 친구한테 你好吗?라고 하면 **잘 지냈니?**라고 안부를 묻는 말이 되고 단순히 형식적인 인사를 건넬 때는 你好吗?보다 你好!를 쓰는게 더욱 적합하다.

오래동안 못 만났다 즉 오랜만이다라는 뜻의 인사말이다. 여기서 久 jiǔ 는 오랫동안이라는 뜻을 나타내는데 그 앞에 好를 붙여서 매우 오랫동안이라는 것을 강조해 주고 있다. 好는 형용사 앞에 붙어서 그 정도나 상태를 강조해 주는 역할을 한다.

하오 티앤
예 **好甜** 매우 달다
hǎo tián

하오 챵
好长 매우 길다
hǎo cháng

※ **甜** tián 달다　　**长** cháng 길다

★ **你呢?** 당신은요?

呢 ne 는 의문문 끝에 쓰여 ~는요?라는 뜻의 의문의 어감을 나타낸다. 문맥상 앞에 등장한 내용과 관련해서 또 다른 사람이나 사물을 언급할 때 呢자를 붙여 줌으로서 간단히 의문문을 만들 수 있다.

니 스 쉬에셩, 타 너
예 **你是学生, 他呢?** 당신은 학생이고요, 그는요?
Nǐ shì xuésheng, tā ne

워 츠판, 마마 너
我吃饭, 妈妈呢? 저는 밥 먹어요, 엄마는요?
Wǒ chīfàn, māma ne

※ **是** shì ~이다　　　**学生** xuésheng 학생
　　饭 fàn 밥　　　　**妈妈** māma 엄마

POINT & 해설

★ 중국어의 인칭

他 tā 는 보통 남성을 가리키고, 她 tā 는 여성을 지칭한다. 단,
성별이 분명치 않거나 구분할 필요가 없을 때에는 他를 사용
한다. 그리고 它 tā 는 앞 문장이나 동일 문장에서 사람 이외의
사물을 지칭할 때 쓴다.

	단수		복수	
1인칭	워 我 wǒ	나	워먼 我们 wǒmen	우리
2인칭	니 닌 你 nǐ, 您 nín	너, 당신	니먼 你们 nǐmen	너희, 당신들
3인칭	타 他, 她, 它 tā	그, 그녀, 그것	타먼 他们, 她们, 它们 tāmen	그, 그녀들, 그것들

- 您 nín 은 你 nǐ 의 존칭
- 他 tā 는 남성, 她 tā 는 여성, 它 tā 는 사물
- 们 men 은 복수를 나타내는 어미

헤어질 때는 일반적으로 **다시 만나요!**라는 뜻의 **再见** zàijiàn
을 가장 많이 사용한다. 경우에 따라서 **만나다**라는 뜻의 **见**
jiàn 앞에 **내일**, **다음 주** 등 시간을 나타내는 단어를 덧붙여 또
다른 표현을 만들 수 있다.

밍티앤 찌앤
예 **明天见。**　　　　　　　　　내일 만나요.
　　Míngtiān jiàn

시아싱치 찌앤
　　下星期见。　　　　　　　　　다음 주에 만나요.
　　Xiàxīngqī jiàn

단어 바꿔 말하기

응용1

당신 안녕하세요!

니 하오

你好!

Nǐ hǎo

1 여러분
따지아
大家
Dàjiā

2 선생님
라오스
老师
Lǎoshī

3 학생 여러분
통쉬에먼
同学们
Tóngxuémen

응용2

또 만나요!

짜이 찌앤

再见!

Zài jiàn

1 내일
밍티앤
明天
Míngtiān

2 잠시 후에
이훨
一会儿
Yíhuìr

3 다음에
시아츠
下次
Xiàcì

신체

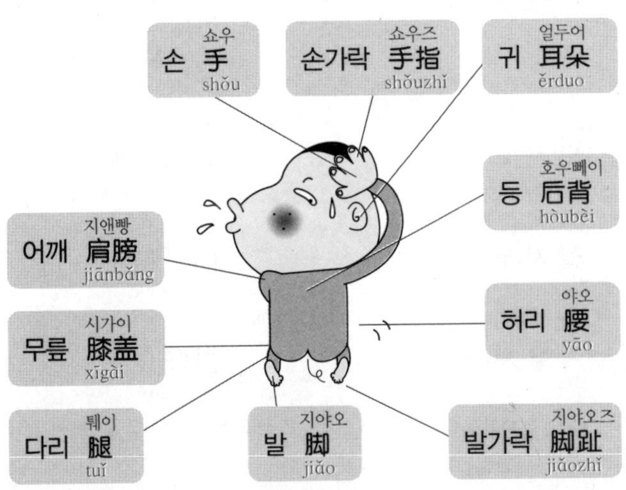

머리카락 头发 토우파 tóufa
머리 头 토우 tóu
얼굴 脸 리앤 liǎn
팔 胳膊 꺼보 gēbo
눈 眼睛 이앤징 yǎnjīng
목 脖子 보어즈 bózi
코 鼻子 비즈 bízi
가슴 胸 숑 xiōng
입 嘴 쮀이 zuǐ
배 肚子 뚜즈 dùzi

손 手 쇼우 shǒu
손가락 手指 쇼우즈 shǒuzhǐ
귀 耳朵 얼두어 ěrduo
어깨 肩膀 지앤빵 jiānbǎng
등 后背 호우뻬이 hòubèi
무릎 膝盖 시가이 xīgài
허리 腰 야오 yāo
다리 腿 퉤이 tuǐ
발 脚 지야오 jiǎo
발가락 脚趾 지야오즈 jiǎozhǐ

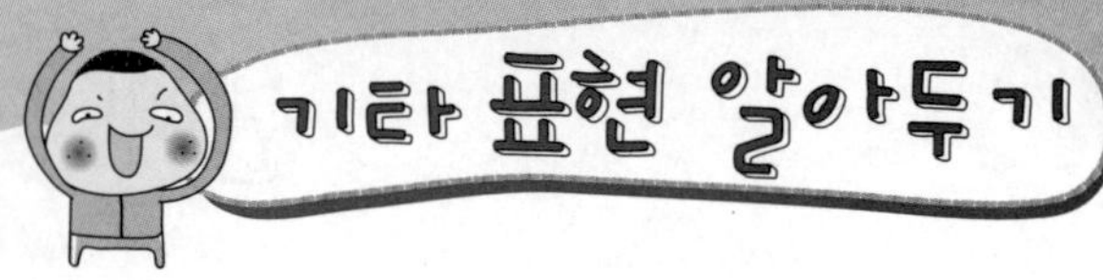

아침 인사

좋은 아침입니다.	짜오샹 하오 **早上好!** Zǎoshang hǎo
안녕하세요.	니 짜오 **你早!** Nǐ zǎo

만났을 때

안녕/ 안녕하세요.

니 하오 　/　 닌 하오
你好! / 您好!
Nǐ hǎo　/　Nín hǎo
　☞ **您** nín 은 **你** nǐ 의 존칭이다.

오랜만이에요.

하오지요우 부 찌앤
好久不见。
Hǎojiǔ bú jiàn

잘 지내십니까?

니 하오 마
你好吗?
Nǐ hǎo ma

⇒ 잘 지냅니다.

헌 하오
很好。
Hěn hǎo

　☞ **你好吗?** nǐ hǎo ma 는 안부를 묻고 상대방의 대답을 원하는 인사말이다.

요즘 어떻습니까?

쮀이찐 쩐머양
最近怎么样?
Zuìjìn zěnmeyàng

⇒ 예전 그대로에요.

하이스 라오양즈
还是老样子。
Háishì lǎoyàngzi

저녁 인사

안녕하세요.

완샹 하오
晚上好。
Wǎnshang hǎo

안녕히 주무세요. / 잘 자.

완안
晚安。
Wǎn ān

헤어질 때

다시 만나요.

짜이 찌앤
再见。
Zàijiàn

잠시 후에 만나요.

이훨 찌앤
一会儿见。
Yíhuìr   jiàn

내일 봐요.

밍티앤 찌앤
明天见。
Míngtiān jiàn

살펴 가세요. / 잘 가.

만 조우
慢走。
Màn zǒu

처음 만났을 때 자신을 소개하고 인사나누는 표현에 대해 알아보자. 일반적으로 상대방의 이름을 물을 때는 **你叫什么名字?** 니 찌야오 션머 밍즈 를 많이 쓰는데 아랫사람 혹은 또래 사이에서 쓸 수 있는 표현이다. 간단하게 **你叫什么?** 니 찌야오 션머 라고 말할 수도 있다.

새로운 단어

- ✿ **介绍** jièshào 소개하다
- ✿ **叫** jiào ~라고 부르다
- ✿ **高兴** gāoxìng 기쁘다
- ✿ **朋友** péngyou 친구
- ✿ **妹妹** mèimei 여동생
- ✿ **也** yě ~도, 또한

- ✿ **一下** yíxià 좀 ~하다
- ✿ **认识** rènshi 알다
- ✿ **是** shì ~이다
- ✿ **不是** búshì ~아니다
- ✿ **见到** jiàndào 보다, 만나다

제 소개 좀 할게요, 저는 왕깡입니다.

自我介绍一下，我叫王刚。 쯔 워 찌에샤오 이시아, 워 찌야오 왕깡
Zì wǒ jièshào yíxià, wǒ jiào Wánggāng

만나서 반가워요, 저는 김영입니다.

认识你很高兴，我叫金英。 런스 니 헌 까오씽, 워 찌야오 찐잉
Rènshi nǐ hěn gāoxìng, wǒ jiào Jīnyīng

그녀는 당신 친구입니까?

她是你朋友吗？ 타 스 니 펑요우 마
Tā shì nǐ péngyou ma

아니요. 제 동생입니다.

不是，她是我妹妹。 부스, 타 스 워 메이메이
Búshì, tā shì wǒ mèimei

만나서 반가워요.

见到你很高兴。 찌앤따오 니 헌 까오씽
Jiàndào nǐ hěn gāoxìng

저도 만나서 반가워요.

见到你我也很高兴。 찌앤따오 니 워 예 헌 까오씽
Jiàndào nǐ wǒ yě hěn gāoxìng

★ 自我介绍一下。

제 소개 좀 하겠습니다

제 소개 좀 하겠습니다라는 뜻의 자기 소개를 할 때 쓰는 표현
으로 여기서 一下 yíxià 는 좀 ~해보다라는 의미이다.

예
칸 이시아
看一下 좀 봅시다.
kàn yíxià

시야오 이시아
笑一下 좀 웃어 보세요.
xiào yíxià

一下 는 잠시, 잠깐이라는 의미도 있다.

예
덩 이시아
等一下 잠깐 기다리세요.
děng yíxià

랑 이시아
让一下 잠시만 비켜주세요.
ràng yíxià

★ 我叫王刚。

제 이름은 왕 깡입니다

叫는 이름을 말할 때 ~라고 부릅니다, 이름은 ~입니다라는 뜻
이다. 你叫什么名字? Nǐ jiào shénme míngzi 또는 你叫什
么? Nǐ jiào shénme 이름이 뭐예요?라고 물어보면 我叫~ Wǒ
jiào ~ 라고 답하면 된다.
여기서 주의할 점은 위의 표현은 주로 어린 아이, 혹은 상대방
의 나이가 본인보다 어릴 때 쓰는 표현이고, 연세가 있는 분의
이름을 묻고자 할 때는 위의 표현을 쓰면 큰 실례가 된다.

★ 她是你朋友吗?

그녀는 당신 친구입니까?

의문문을 만드는 가장 일반적인 표현은 문장 맨 끝에 ~까?라는 뜻의 의문조사 ~吗 ma 만 붙이면 된다.

타 스 니 빠바 마
예 他是爸爸吗?
tā shì nǐ bàba ma

그는 당신 아버지입니까?

마마 취 마
妈妈去吗?
Māma qù ma

엄마는 갑니까?

※ 爸爸 bàba 아버지　　去 qù 가다

★ 是 / 不是

~이다 / ~아니다

동사 是 shì 는 ~이다라는 뜻으로 영어의 be동사에 해당한다.
부정문에서는 不是 búshì ~가(이) 아니다를 쓰면 된다.

워 스 쉬에성
예 我是学生。
Wǒ shì xuésheng

나는 학생입니다.

타 부스 라오스
他不是老师。
Tā búshì lǎoshī

그는 선생님이 아닙니다.

※ 老师 lǎoshī 선생님

단어 바꿔 말하기

1-B

응용1

당신 이름은 무엇입니까?

니 찌야오 션머 밍즈
你叫什么名字?
Nǐ jiào shénme míngzi

1 그 남자
타
他
Tā

2 선생님
라오스
老师
Lǎoshī

3 당신 여동생
니 메이메이
你妹妹
Nǐ mèimei

응용2

그는 선생님 입니까?

타 스 라오스마
他是老师吗?
Tā shì lǎoshī ma

1 당신 아버지
니 빠바
你爸爸
nǐ bàba

2 한국사람
한구어런
韩国人
Hánguórén

3 일본사람
르번런
日本人
Rìběnrén

 우리말로 배우는 **중국어 회화**

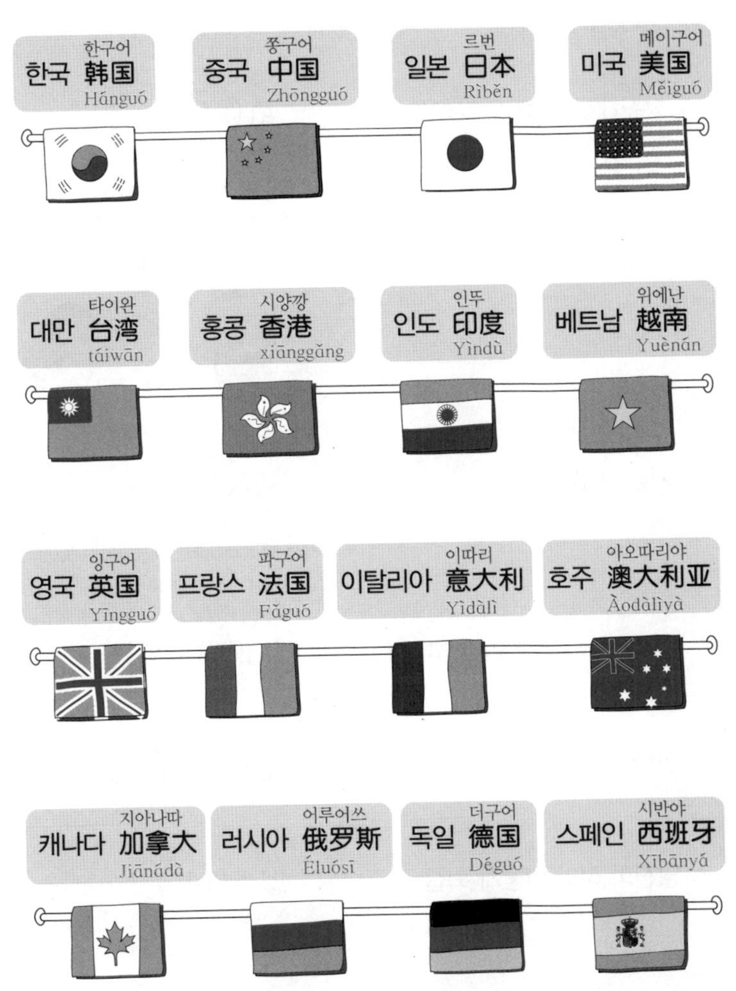
한국 韩国
한구어
Hánguó

중국 中国
쭝구어
Zhōngguó

일본 日本
르번
Rìběn

미국 美国
메이구어
Měiguó

대만 台湾
타이완
táiwān

홍콩 香港
시양깡
xiānggǎng

인도 印度
인뚜
Yìndù

베트남 越南
위에난
Yuènán

영국 英国
잉구어
Yīngguó

프랑스 法国
파구어
Fǎguó

이탈리아 意大利
이따리
Yìdàlì

호주 澳大利亚
아오따리야
Àodàlìyà

캐나다 加拿大
지아나따
Jiānádà

러시아 俄罗斯
어루어쓰
Éluósī

독일 德国
더구어
Déguó

스페인 西班牙
시반야
Xībānyá

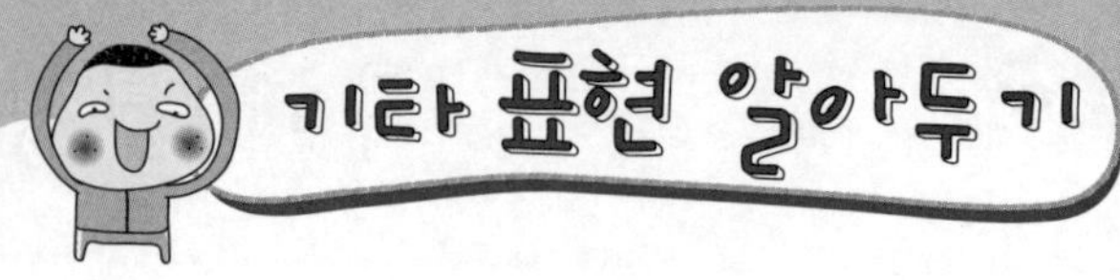

소개

당신께 소개해 드리겠습니다.

게이 니 찌에샤오 이시아
给你介绍一下。
Gěi nǐ jièshào yíxià

☆ 여기서 **给** gěi 는 ~에게라는 뜻으로
给你介绍 gěi nǐ jièshào 당신에게 소개한다는 말이다.

처음 뵙겠습니다.

츄츠 찌앤미앤
初次见面!
Chūcì jiànmiàn

☆ 여기서 **初次** chūcì 는 **처음**이라는 뜻이다.

⇨ 알게 되어서 반갑습니다.

런스 니 헌 까오씽
认识你很高兴。
Rènshi nǐ hěn gāoxìng

만나서 반가워요.

찌앤따오 니 헌까오씽
见到你很高兴。
Jiàndào nǐ hěn gāoxìng

당신의 성이 어떻게 되십니까?

닌 꿰이 씽
您贵姓?
Nín guì xìng

⇨ 성은 김 씨이고, 김 민이라고 합니다.　免贵姓金, 叫金敏。
미앤꿰이 씽 진, 찌야오 진 민
Miǎnguì xìng Jīn, jiào Jīn mǐn

    ⇨ 여기서 **贵** guì 는 상대방을 높여 이르는 말로서 **귀하**라는 뜻이다.
때문에 대답할 때는 **免** miǎn 을 붙여 겸손하게 표현한다.
앞에서 성씨를 물었지만 일반적으로 대답할 때는 성씨와 이름을 같이 말한다.

존함이 어떻게 되십니까?　您怎么称呼?
닌 쩐머 청후
Nín zěnme chēnghu

저는 한국 사람입니다.　我是韩国人。
워 스 한구어런
Wǒ shì Hánguó rén

잘 보살펴 주십시오.　请多多关照。
칭 뚜어뚜어 꽌짜오
Qǐng duōduō guānzhào

잘 부탁드립니다.　请多多指教。
칭 뚜어뚜어 즈지야오
Qǐng duōduō zhǐjiào

你家有几口人?

당신 집은 몇 식구입니까?

이번 과에서는 식구를 묻는 기본 표현인 **你家有几口人?** 니지아 요우 지 코우 런 **당신 집은 몇 식구입니까?**와 직업을 묻는 표현인 **你做什么工作?** 니 쭈어 션머 꽁쭈어 **당신은 무슨 일을 하십니까?**를 배우도록 하자.
특히 식구들의 여러 가지 호칭과 직업을 나타내는 여러 가지 표현들을 익혀두자.

새로운 단어

- 家 jiā 집
- 口 kǒu 식구
- 都 dōu 모두
- 爷爷 yéye 할아버지
- 爸爸 bàba 아버지
- 还 hái 그리고
- 哥哥 gēge 오빠, 형
- 工作 gōngzuò 일, 직업

- 几 jǐ 몇, 얼마
- 人 rén 사람
- 什么 shénme 무엇, 어떤
- 奶奶 nǎinai 할머니
- 妈妈 māma 어머니
- 个 gè ~개, ~명 양사
- 做 zuò 하다
- 医生 yīshēng 의사

당신 집은 몇 식구입니까?

你家有几口人？ 니 지아 요우 지 코우 런
Nǐ jiā yǒu jǐ kǒu rén

우리 집은 여섯 식구에요.

我家有六口人。 워 지아 요우 리요우 코우 런
Wǒ jiā yǒu liù kǒu rén

당신 가족은 모두 어떤 사람들이 있습니까?

你家都有什么人？ 니 지아 또우 요우 션머 런
Nǐ jiā dōu yǒu shénme rén

할아버지, 할머니, 아빠, 엄마, 그리고 오빠 한명이 있습니다.

有爷爷，奶奶，爸爸，妈妈，还有一个哥哥。
Yǒu yéye, nǎinai, bàba, māma, háiyǒu yíge gēge
요우 예예 나이나이 빠바 마마 하이요우 이거 꺼거

당신 아버지는 무슨 일을 하십니까?

你爸爸做什么工作？ 니 빠바 쭈어 션머 꽁쭈어
Nǐ bàba zuò shéme gōngzuò

우리 아빠는 의사입니다.

我爸爸是医生。 워 빠바 스 이셩
Wǒ bàba shì yīshēng

★ 几口人?

몇 식구입니까?

이 말은 **몇 식구입니까?**라는 뜻인데 여기서 口 kǒu 는 **식구 수**를 셀 때 쓰는 양사이다.

그 외 사람 수를 셀 때는 口가 아니라 个 gè ~명나 位 wèi ~분을 사용한다.

쓰 코우 런
例 四口人 네 식구
sì kǒu rén

푸치 량 코우 런
夫妻两口人 부부 두 식구
fūqī liǎng kǒu rén

쓰 거 런
四个人 네 사람(네 명)
sì ge rén

싼 웨이 커런
三位客人 손님 세 분
sān wèi kèrén

※ 夫妻 fūqī 부부　　　两 liǎng 둘　　　客人 kèrén 손님

★ 你家都有什么人?

당신 가족은 어떤 사람들이 있습니까?

이 말은 가족의 구성원을 묻는 표현으로 **당신 가족은 모두 어떤 사람들이 있습니까?**라는 뜻이다. 이 밖에 你家都有谁? nǐ jiā dōu yǒu shéi 라고 말할 수도 있다.

니 지아 또 요우 셰이
你家都有谁？　　당신의 가족은 모두 어떻게 됩니까?
Nǐ jiā dōu yǒu shéi

워 지아 요우 빠바 마마
⇨ **我家有爸爸，妈妈。**　⇨ 아버지, 어머니가 계십니다.
Wǒ jiā yǒu bàba, māma

★ 做什么工作？

무슨 일을 하십니까?

직업을 묻는 표현으로 무슨 일을 하십니까?라는 뜻이다. 직업을
물을 때는 주로 **하다**라는 동사 做 zuò 나 干 gàn 을 사용한다.

니 쭈어 션머 꽁쭈어
你做什么工作？　　무슨 일을 하십니까?
Nǐ zuò shénme gōngzuò

워 쭈어 셩이
⇨ **我做生意。**　　⇨ 저는 장사를 합니다.
Wǒ zuò shēngyì

니 짜이 나알 꽁쭈어
你在哪儿工作？　　어디에서 근무합니까?
Nǐ zài nǎr gōngzuò

워 짜이 꽁쓰 상빤
⇨ **我在公司上班。**　　⇨ 저는 회사에 다닙니다.
Wǒ zài gōngsī shàngbān

※ 生意 shēngyì 장사하다　　　　哪儿 nǎr 어디
公司 gōngsī 회사　　　上班 shàngbān 출근하다

응용 1

당신은 여동생이 있습니까?　⇒　있습니다.

니 요우 메이메이 마　　　　　　요우

你有妹妹吗?　　　　　　　　**有。**
Nǐ yǒu mèimei ma　　　　　　Yǒu

1 남동생
띠디
弟弟
dìdi

2 외할머니
라오라오
姥姥
lǎolao

3 아이
하이즈
孩子
háizi

응용 2

니 쭈어 션머 꽁쭈어

당신은 무슨 일을 하십니까?　**你做什么工作?**
Nǐ zuò shénme gōngzuò

⇒　저는 선생님입니다.

워 스 라오스

我是老师。
Wǒ shì lǎoshī

1 공무원
꽁우위앤
公务员
gōngwùyuán

2 기자
지져
记者
jìzhě

3 회사원
꽁쓰 즈위앤
公司职员
gōngsī zhíyuán

가족

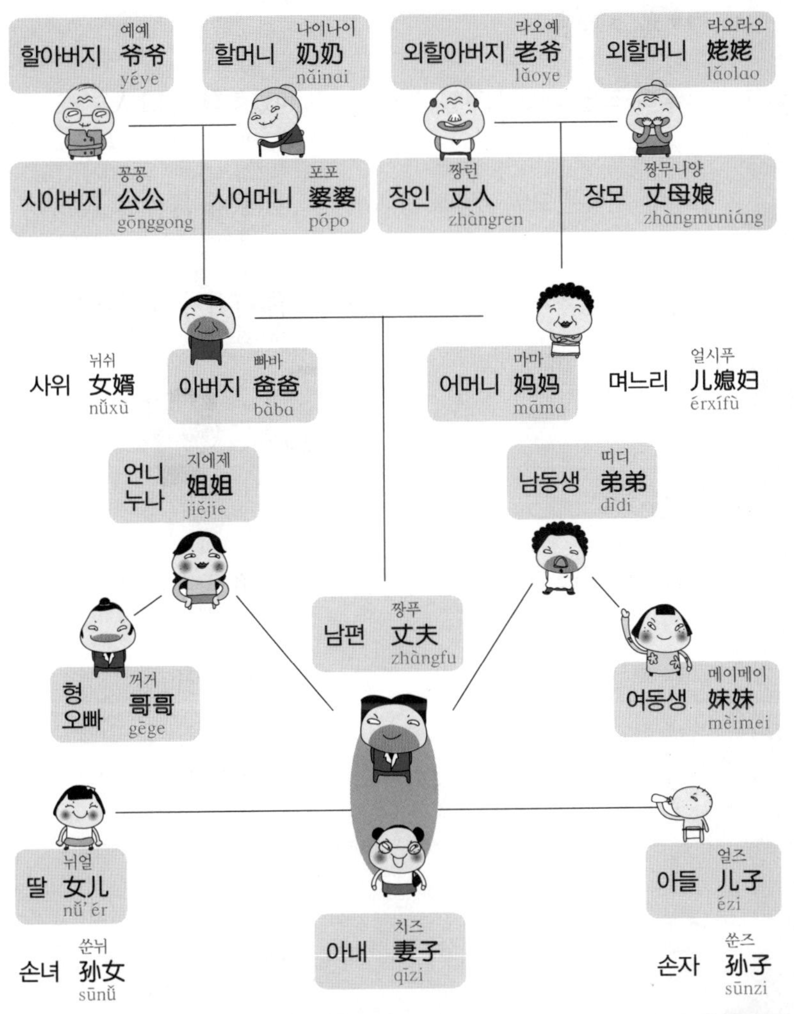

예예
할아버지 爷爷
yéye

나이나이
할머니 奶奶
nǎinai

라오예
외할아버지 老爷
lǎoye

라오라오
외할머니 姥姥
lǎolao

꿍꿍
시아버지 公公
gōnggong

포포
시어머니 婆婆
pópo

짱런
장인 丈人
zhàngren

짱무니양
장모 丈母娘
zhàngmuniáng

뉘쉬
사위 女婿
nǚxù

빠바
아버지 爸爸
bàba

마마
어머니 妈妈
māma

얼시푸
며느리 儿媳妇
érxífù

지에제
언니
누나 姐姐
jiějie

띠디
남동생 弟弟
dìdi

짱푸
남편 丈夫
zhàngfu

꺼거
형
오빠 哥哥
gēge

메이메이
여동생 妹妹
mèimei

뉘얼
딸 女儿
nǚ'ér

얼즈
아들 儿子
érzi

쑨뉘
손녀 孙女
sūnǚ

치즈
아내 妻子
qīzi

쑨즈
손자 孙子
sūnzi

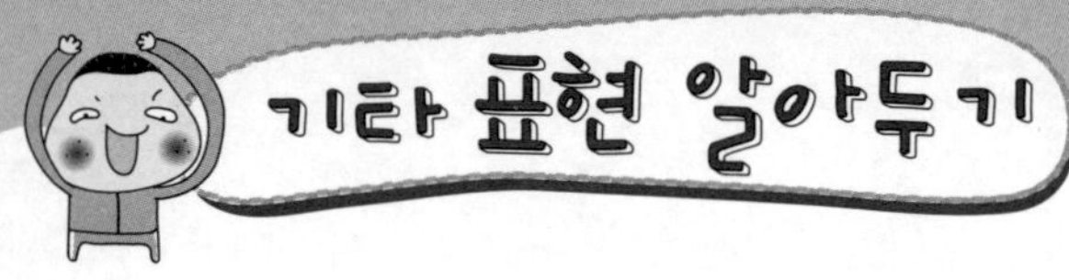

가족 사항

우리 집은 다섯 식구입니다.	워 지아 요우 우 코우 런 **我家有五口人。** Wǒ jiā yǒu wǔ kǒu rén
당신 가족은 모두 어떻게 됩니까?	니 지아 또우 요우 션머 런 **你家都有什么人?** Nǐ jiā dōu yǒu shénme rén
당신은 형제가 몇 명 있습니까?	니 요우 지 거 슝띠 지에메이 **你有几个兄弟姐妹?** Nǐ yǒu jǐ ge xiōngdì jiěmèi

직업

당신은 무슨 일을 하십니까?	니 쭈어 션머 꽁쭈어 **你做什么工作?** Nǐ zuò shénme gōngzuò
⇨ 저는 아나운서입니다.	워 스 뽀어인위앤 **我是播音员。** Wǒ shì bōyīnyuán
당신은 어디에서 일합니까?	니 짜이 나알 꽁쭈어 **你在哪儿工作?** Nǐ zài nǎr gōngzuò

✿ 여기서 **哪儿** nǎr 은 장소를 묻는 의문사 **어디**이다.

⇨ 저는 우체국에서 근무합니다.	워 짜이 요우쥐 꽁쭈어 **我在邮局工作。** Wǒ zài yóujú gōngzuò

당신의 직업은 무엇입니까?

니 더 즈예 스 션머
你的职业是什么?
Nǐ de zhíyè shì shénme

나이 물기

너 몇 살이니? 어린이

니 지 쒜이
你几岁?
Nǐ jǐ suì

☆ 여기서 几 jǐ 는 숫자, 날짜 등을 물을 때 쓰이는 **몇**이라는 뜻의 의문사이다.

나이가 어떻게 되세요? 성인, 동년배

니 뚜어따 러
你多大了?
Nǐ duōdà le

연세가 어떻게 되십니까?
연장자, 연세가 많은 어르신

닌 뚜어따 니앤지 러
您多大年纪了?
Nín duōdà niánjì le

☆ 여기서 **多** duō 는 크다, 길다, 넓다 등과 같은 형용사 앞에 쓰여 얼마나라는 뜻의 정도를 묻는 표현이다.

这是什么?

이것은 무엇입니까?

이번 과에서는 사물을 묻고 답하는 표현을 배워보자.
여러 가지 사물의 명칭을 알아두는 것이 가장 좋으나
처음 중국어를 접할 때는 这 쩌, 那 나 등의 지시 대명사
를 활용하는 것도 좋은 방법이다.

새로운 단어

- 这 zhè 이것
- 词典 cídiǎn 사전
- 的 de ~의, ~의 것
- 会 huì ~할 수 있다
- 汉语 Hànyǔ 중국어
- 中韩 Zhōnghán 중한
- 谁 shéi 누구
- 同屋 tóngwū 룸메이트
- 说 shuō 말하다
- 得 de 정도를 나타내는 조사

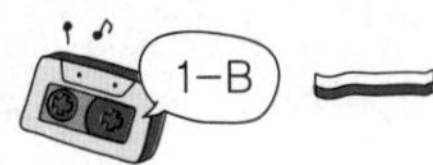

이것은 무엇입니까?

这是什么？ 쩌 스 션머
Zhè shì shénme

이것은 중한사전입니다.

这是中韩词典。 쩌 스 쫑한 츠디앤
Zhè shì Zhōnghán cídiǎn

누구의 것입니까?

是谁的？ 스 셰이 더
Shì shéi de

제 룸메이트의 것입니다.

我同屋的。 워 퉁우 더
Wǒ tóngwū de

당신은 중국어를 할 줄 압니까?

你会说汉语吗？ 니 훼이 슈오 한위 마
Nǐ huì shuō Hànyǔ ma

잘 못합니다.

说得不好。 슈오 더 뿌 하오
Shuō de bù hǎo

POINT & 해설

★ 지시대명사

사람이나 사물을 가리키는 말을 지시대명사라고 한다.

这 zhè		那 nà		哪 nǎ	
쩌거 **这个** zhège 이것		나거 **那个** nàge 저것		나거 **哪个** nǎge 어느 것	
쩌얼 **这儿** zhèr 여기		날 **那儿** nàr 거기, 저기		나알 **哪儿** nǎr 어디	
쩌비앤 **这边** zhèbian 이쪽		나비앤 **那边** nàbian 저쪽		나비앤 **哪边** nǎbian 어느 쪽	
쩌웨이 **这位** zhèwèi 이분		나웨이 **那位** nàwèi 저분		나웨이 **哪位** nǎwèi 어느 분 / 누구	

- 这 zhè 는 일반적으로 나에게 가까운 쪽, 那 nà 는 먼 쪽을 가리킬 때 사용
- 这, 那, 哪는 회화체에서는 주로 zhèi, nèi, něi 로 발음

★ 这是什么?

이것은 무엇입니까?

이 말은 사물의 명칭을 물어볼 때 흔히 쓰는 표현으로서, 이것은 무엇입니까?라는 뜻이다.

쩌 스 션머
예 这是什么?
Zhè shì shénme

이것은 무엇입니까?

쩌 스 슈빠오
⇨ **这是书包。**
Zhè shì shūbāo

⇨ 이것은 책가방입니다.

나 스 션머
那是什么?
Nà shì shénme

저것은 무엇입니까?

나 스 치앤빠오
⇨ **那是钱包。**
Nà shì qiánbāo

⇨ 저것은 지갑입니다.

※ **书包** shūbāo 책가방　　**钱包** qiánbāo 지갑

★ 是谁的?

누구의 것입니까?

여기서 的 de 는 명사 + 的 + 명사의 형식으로 꾸며주는 말과 꾸밈을 받는 말 사이에서 ~의라는 의미를 나타낸다. 꾸며주는 말이 인칭대명사이고 꾸밈을 받는 말이 친구나 친족 등 집단 혹은 소속을 나타내는 말인 경우에는 생략할 수 있다.

그 밖에 的는 명사, 인칭대명사, 형용사 뒤에 쓰여 ~의 것, ~한 것이라는 뜻을 나타내기도 한다.

POINT & 해설

워 (더) 지아
 我 (的) 家   우리 집
wǒ (de) jiā

스 셰이 더
是谁的?   누구의 것입니까?
Shì shéi de

빠바 더
⇨ 爸爸的。   ⇨ 아빠의 것입니다.
Bàba de

워 츠 라 더
我吃辣的。   나는 매운 것을 먹어요.
Wǒ chī là de

※ 辣 là 맵다

你会说汉语吗?
중국어 할 수 있습니까?

이 문장은 중국어를 말할 수 있습니까? 즉, 중국어 할 줄 압니까?라는 뜻이다. 여기서 会 huì 는 ~을 할 수 있다라는 뜻의 조동사로 학습을 통해 어떤 기술이나 기능을 익혔을 때 혹은 어떤 가능성을 표현할 때 주로 쓴다.

워 훼이 티아오우
我会跳舞。   나는 춤을 출 줄 압니다.
Wǒ huì tiàowǔ

진티앤 훼이 시아위 마
今天会下雨吗?   오늘 비가 내릴까요?
Jīntiān huì xiàyǔ ma

※ 跳舞 tiàowǔ 춤추다   下雨 xiàyǔ 비가 오다

말을 잘 못합니다

중국어에는 술어 뒤에서 어떤 동작이 도달한 정도나 동작의 상
태를 설명하는 **정도보어**라는 것이 있는데 술어와 정도보어 사
이에는 구조 조사 得 de 를 써서 연결시킨다.

동사 + 得 + 형용사 정도보어

파오 더 콰이
跑得快
pǎo de kuài

빨리 뛴다(뛰는 것이 빠르다)

츠 더 만
吃得慢
chī de màn

느리게 먹는다(먹는 것이 느리다)

※ 跑 pǎo 달리다　　快 kuài 빠르다　　慢 màn 느리다

이것은 무엇입니까?

쩌 스 션머
这是什么?
Zhè shì shénme

⇒ 이것은 사전입니다.

쩌 스 츠디앤
这是词典。
Zhè shì cídiǎn

1 중국어책
한위 슈
汉语书
Hànyǔ shū

2 핸드폰
쇼우지
手机
shǒujī

3 노트북 컴퓨터
비지번 띠앤나오
笔记本电脑
bǐjìběn diànnǎo

잘 보셨나요?

칸 더 하오 마
看得好吗?
Kàn de hǎo ma

1 자다
쉐이
睡
Shuì

2 먹다
츠
吃
Chī

3 배우다
쉬에
学
Xué

의류

시푸
양복 西服
xīfú

타오쥬앙
세트정장 套装
tàozhuāng

정쥬앙
정장 正装
zhèngzhuāng

시유시앤푸
캐주얼복 休闲服
xiūxiánfù

리앤이췬
원피스 连衣裙
liányīqún

티쉬
T셔츠 T恤
Txù

천샨
셔츠 衬衫
chènshān

마오이
스웨터 毛衣
máoyī

피지아커
가죽재킷 皮夹克
píjiákè

위롱푸
오리털점퍼 羽绒服
yǔróngfú

니유자이쿠
청바지 牛仔裤
niúzǎikù

쿠즈
바지 裤子
kùzi

췬즈
치마 裙子
qúnzi

네이이
내의 内衣
nèiyī

쉐이이
잠옷 睡衣
shuìyī

와즈
양말 袜子
wàzi

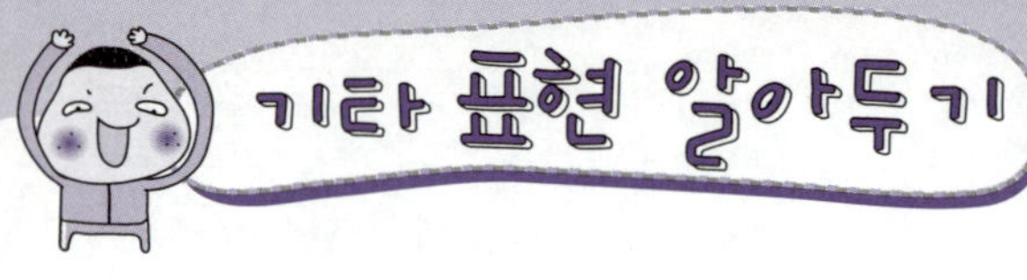

사물

저것은 무엇입니까?

나 스 션머
那是什么?
Nà shì shénme

⇨ 저것은 중국어책입니다.

나 스 한위 슈
那是汉语书。
Nà shì Hànyǔ shū

누구의 것입니까?

스 셰이 더
是谁的?
Shì shéi de

✿ 여기서 **谁** shéi 는 사람을 묻는 **누구**라는 뜻의 의문사이다.

⇨ 그녀의 것입니다.

스 타 더
是她的。
Shì tā de

이것은 어느 분의 것입니까?

쩌 스 나 웨이 더
这是哪位的?
Zhè shì nǎ wèi de

✿ 여기서 **哪** nǎ 는 의문사 **어느**라는 뜻이고
位 wèi 는 인물을 높여 이르는 **~분**이라고 말할 때 쓰는 양사이다.
这位是~ zhè wèi shì~ 은 **이분은 ~이다**라는 뜻이다.

저것은 선생님의 사전입니다.

나 스 라오스 더 츠디앤
那是老师的词典。
Nà shì lǎoshī de cídiǎn

사람

이분은 누구십니까?

쩌 스 셰이
这是谁?
Zhè shì shéi

✩ **这是** zhè shì 는 일반적으로 사물을 가리킬 때 쓰이지만 사진 혹은 책속의 인물을 가리킬 때 이 표현을 쓰기도 한다.

⇒ 저의 엄마입니다.

쩌 스 워 마마
这是我妈妈。
Zhè shì wǒ māma

그분은 누구세요?

타 스 셰이
他是谁?
Tā shì shéi

⇒ 그는 저의 할아버지입니다.

타 스 워 예예
他是我爷爷。
Tā shì wǒ yéye

今天星期几?

오늘은 무슨 요일입니까?

이번 과에서는 날짜, 요일을 묻는 표현에 대해 배워보자.
몇 월 며칠입니까?는 几月几号? 지 위에 지 하오 라고 말하고,
무슨 요일입니까?는 星期几? 씽치 지 라고 말하면 된다.

새로운 단어

- 什么时候 shénme shíhou 언제
- 中国 Zhōngguó 중국
- 六月 liùyuè 6월
- 号 hào ~일
- 星期天 xīngqītiān 일요일
- 咱们 zánmen 우리, 저희
- 吃饭 chīfàn 밥 먹다

- 来 lái 오다
- 去年 qùnián 지난해
- 生日 shēngrì 생일
- 八月 bāyuè 8월
- 到时候 dàoshíhou 그때
- 一起 yìqǐ 함께, 같이
- 吧 ba 합시다 어기조사

당신은 언제 중국에 온 것입니까?

你是什么时候来中国的？ 니 스 션머 스호우 라이 쯍구어 더
Nǐ shì shénme shíhou lái Zhōngguó de

지난해 6월에 왔습니다.

去年六月来的。 취니앤 리요우위에 라이 더
Qùnián liùyuè lái de

당신 생일은 몇 월 며칠입니까?

你的生日是几月几号？ 니 더 셩르스 지 위에 지 하오
Nǐ de shēngrì shì jǐ yuè jǐ hào

8월 5일, 일요일입니다.

八月五号，是星期天。 빠위에 우 하오, 스 씽치티앤
Bāyuè wǔ hào, shì xīngqītiān

그럼, 그때 우리 같이 밥 먹읍시다!

那，到时候咱们一起吃饭吧！ 나, 따오스호우 잔먼 이치 츠판 바
Nà, dàoshíhou zánmen yìqǐ chīfàn ba

좋아요.

好的。 하오 더
Hǎo de

★ 년·월·일·요일을 묻는 표현

月 yuè, 日 rì, 号 hào 앞에 **몇**이라는 뜻의 几 jǐ 를 붙여 **월·일**을
묻고, 년을 물어볼 때는 几를 붙이는 것이 아니라 의문을 나타
내는 **哪** nǎ **어느**를 앞에 덧붙여 **哪年** nǎ nián 이라고 한다.
요일을 묻는 표현은 주, 주일이라는 뜻의 **星期** xīngqī 뒤에 几
를 붙인다.

나 니앤
哪年 어느 해
nǎ nián

지 위에
几月 몇 월
jǐ yuè

지 하오
几号 며칠
jǐ hào

싱치 지
星期几 무슨 요일
xīngqī jǐ

★ 년·월·일 읽기

12개월의 명칭은 1~12까지의 숫자 뒤에 月를 덧붙이고, 날짜
는 1~31까지의 숫자 뒤에 日, 号를 붙이는데, 日는 문서상에
서, 号는 일상회화에서 많이 쓰인다. 연도를 읽는 방법은 우리
말과 달리 숫자를 하나하나씩 읽어 준다.

얼 링 링 치 니앤 얼위에 싼 하오
二零零七年二月三号　　2007년 2월 3일
èr líng líng qī nián èryuè sān hào

얼 링 링 빠 니앤 우위에 얼스 르
二零零八年五月二十日　2008년 5월 20일
èr líng líng bā nián wǔyuè èrshí rì

※ 零 líng 영, 0

★ 什么时候　　언제

여기서 时候 shíhou 는 ~할 때의 뜻으로 앞에 동사 혹은 술어
문이 오면 동작이 진행되는 시간, 때를 나타낸다. 앞에 의문사
什么 shénme 무엇을 덧붙이면 시간을 묻는 의문대명사 什么
时候 언제가 된다.

워먼 션머 스호우 쉐이지야오
我们什么时候睡觉?　　우리는 언제 잡니까?
Wǒmen shénme shíhou shuìjiào

츠판 더 스호우, 타 라이 러
吃饭的时候, 他来了。　밥 먹을 때 그가 왔습니다.
Chīfàn de shíhou, tā lái le

※ 睡觉 shuìjiào 잠자다

★ 숫자

숫자를 읽는 방법은 우리말과 같이 일, 이, 삼, 사, 오...라고 읽는다.

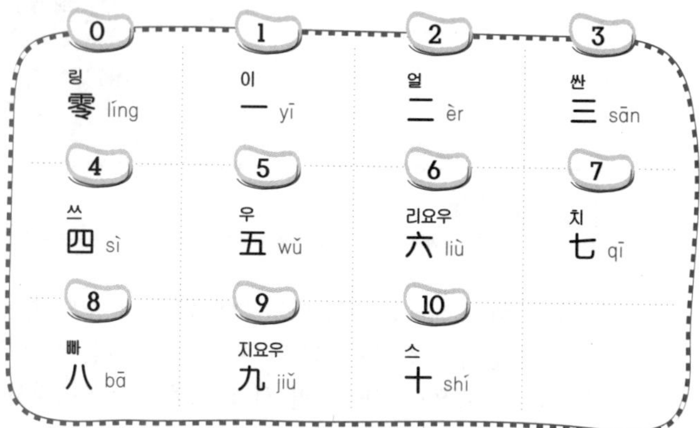

1 두 자리 숫자는 각 십의 자리에 해당하는 수에 1~9까지의 숫자를 붙여서 읽는다.

2 세 자리 이상의 수에서 십 단위 이상에 0이 있을 경우, 0을 零 líng 이라고 꼭 읽어준다.
(0이 아무리 많아도 하나만 읽는다.)

3 백, 천, 만 단위의 숫자가 1일 경우, 반드시 一 yī 를 읽어준다.

 우리말로 배우는 중국어 회화

스이
十一 11
shíyī

스얼
十二 12
shí'èr

얼스
二十 20
èrshí

싼스
三十 30
sānshí

이바이
一百 일백
yìbǎi

이치앤
一千 일천
yìqiān

이완
一万 일만
yíwàn

이이
一亿 일억
yíyì

이바이 링 우
一百零五 105
yìbǎi líng wǔ

이치앤 링 이
一千零一 1,001
yìqiān líng yī

월요일
싱치이 / 리빠이이
星期一／礼拜一
xīngqīyī / lǐbàiyī

화요일
싱치얼 / 리빠이얼
星期二／礼拜二
xīngqī'èr / lǐbài'èr

수요일
싱치싼 / 리빠이싼
星期三／礼拜三
xīngqīsān / lǐbàisān

목요일
싱치쓰 / 리빠이쓰
星期四／礼拜四
xīngqīsì / lǐbàisì

금요일
싱치우 / 리빠이우
星期五／礼拜五
xīngqīwǔ / lǐbàiwǔ

토요일
싱치리요우 / 리빠이리요우
星期六／礼拜六
xīngqīliù / lǐbàiliù

일요일
싱치티앤(르) / 리빠이티앤(르)
星期天(日)／礼拜天(日)
xīngqītiān(rì) / lǐbàitiān(rì)

⭐ 요일을 나타내는 방법

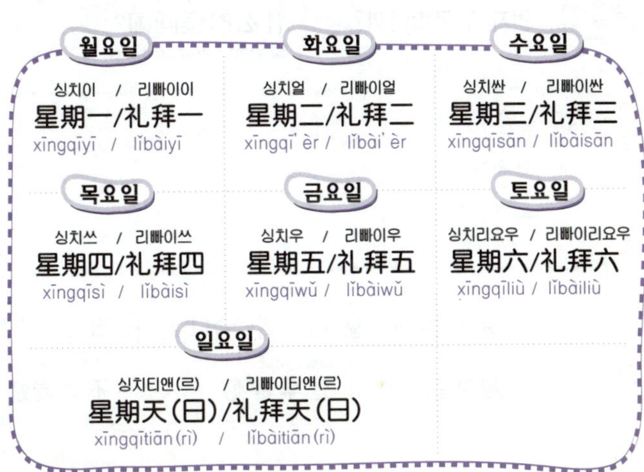

단어 바꿔 말하기

응용1

오늘은 일요일입니다.

진티앤 스 싱치티앤
今天是星期天。
Jīntiān shì xīngqītiān

1 아버지의 생일
빠바 더 셩르
爸爸的生日
bàba de shēngrì

2 8월10일
빠위에 스 하오
八月十号
bāyuè shí hào

3 목요일
리빠이쓰
礼拜四
lǐbàisì

응용2 언제 귀국합니까?

션머 스호우 훼이구어
什么时候回国?
Shénme shíhou huíguó

⇒ 2월 15일이요.

얼 위에 스우 하오
二月十五号。
èryuè shíwǔ hào

1 토요일이요.
싱치리요우
星期六
xīngqīliù

2 아직 멀었습니다.
하이 자오 져 너
还早着呢
hái zǎo zhe ne

3 잘 모르겠습니다.
부 타이 칭츄
不太清楚
bú tài qīngchu

중국의 명절

1月

元旦
yuándàn
원단　1월 1일 신정

2月

春节
chūnjié
춘절　음력 1월 1일
설날

元宵节
yuánxiāojié
원소절　음력 1월 15일
정월대보름

3月

妇女节
fùnǚjié
부녀절　3월 8일

植树节
zhíshùjié
식목일　3월 12일

4月

清明节
qīngmíngjié
청명절　4월 5일

5月

劳动节
láodòngjié
노동절　5월 1일

青年节
qīngniánjié
청년절　5월 4일
학생의 날

母亲节
mǔqīnjié
어머니날
5월 둘째 일요일

6月

儿童节
értóngjié
아동절　6월 1일
어린이날

端午节
duānwǔjié
단오절　음력 5월 5일

9月

教师节
jiàoshījié
스승의 날
9월 10일

中秋节
zhōngqiūjié
중추절　음력 8월 15일
추석

10月

国庆节
guóqìngjié
국경절　10월 1일
현 중화인민공화국 수립일

12月

圣诞节
shèngdànjié
성탄절　12월 25일
크리스마스

*情人节 qíngrénjié　발렌타인 데이　2월 14일
万圣节 wànshèngjié　할로윈 데이　10월 31일

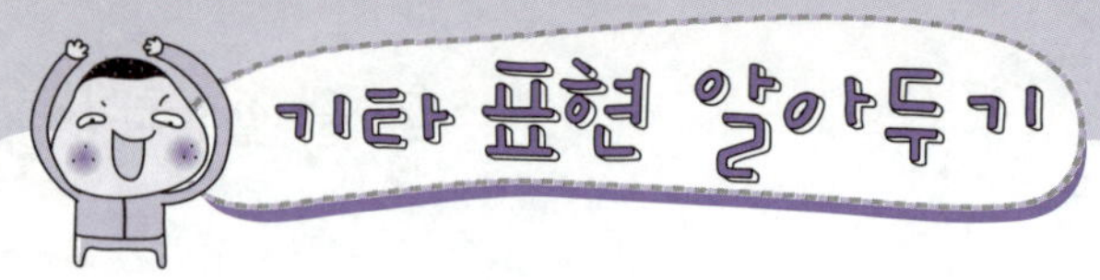

날짜 / 때

언제 오신 겁니까?

션머 스호우 라이 더
什么时候来的?
Shénme shíhou lái de

⇒ 지난해에 이곳에 왔습니다.

취니앤 따오 쩌얼 더
去年到这儿的。
Qùnián dào zhèr de

✿ 여기서 **去** qù 는 가다의 뜻으로
去年 qùnián 은 이미 지나간 해 즉, **지난 해**라는 뜻이다.
그 밖에 **今年** jīnnián 올해, **明年** míngnián 내년 등이 있다.

오늘은 몇 월 며칠입니까?

진티앤 지 위에 지 하오
今天几月几号?
Jīntiān jǐ yuè jǐ hào

✿ **今天** jīntiān 은 오늘이란 뜻이고, 그 밖에도 **昨天** zuótiān 어제,
明天 míngtiān 내일 등 시간을 나타내는 표현들이 있다.

올해 설날은 몇 월 며칠입니까?

진니앤 춘지에 스 지 위에 지 하오
今年春节是几月几号?
Jīnnián chūnjié shì jǐ yuè jǐ hào

이번 달 5일

쩌거 위에 우 하오
这个月五号。
Zhège yuè wǔ hào

➠ **这个月** zhège yuè **이번 달,** **上个月** shàngge yuè **지난 달,**
下个月 xiàge yuè **다음 달**

내일은 무슨 요일입니까?

밍티앤 씽치 지
明天星期几?
Míngtiān xīngqī jǐ

➾ 일요일입니다.

씽치티앤
星期天。
Xīngqītiān

언제 갑니까?

니 션머 스호우 취
你什么时候去?
Nǐ shénme shíhou qù

➾ 다음 주입니다.

시아거 리빠이
下个礼拜。
Xiàge lǐbài

몇 년도에 졸업했습니까?

니 스 나 니앤 삐예 더
你是哪年毕业的?
Nǐ shì nǎ nián bìyè de

➾ 2007년에 졸업했습니다.

얼 링 링 치 니앤 삐예 더
2007年毕业的。
Èr líng líng qī nián bìyè de

欢迎光临。

어서 오세요!

이번 과에서는 식당에서 사용하는 표현들을 배워보자.
欢迎光临 환잉 꽝린 은 **어서 오세요**라는 뜻으로 손님을
접대하는 업소 혹은 각종 모임에서 주최자가 손님을 맞
이할 때 쓰는 인사말이다.

새로운 단어

- **欢迎** huānyíng 환영하다
- **位** wèi ~분 양사
- **不好意思** bùhǎoyìsi 죄송합니다
- **没有** méiyǒu ~이 없다
- **想** xiǎng ~하고 싶다
- **好吃** hǎochī 맛있다
- **随便** suíbiàn 마음대로
- **客气** kèqi 사양하다

- **光临** guānglín 왕림하다
- **包间** bāojiān 방
- **现在** xiànzài 현재, 지금
- **里面** lǐmiàn 안
- **听说** tīngshuō 듣자하니
- **请客** qǐngkè 한턱내다
- **点** diǎn 주문하다

어서 오세요! 몇 분이십니까?

欢迎光临! 你们几位? 환잉 꽝린 니먼 지 웨이
Huānyíng guānglín. Nǐmen jǐ wèi

네 명입니다, 방으로 된 자리 있나요?

四个人, 有包间吗? 쓰거 런, 요우 빠오지앤 마
Sìge rén, yǒu bāojiān ma

죄송합니다, 현재는 없습니다. 안으로 들어가세요.

不好意思, 现在没有。 뿌하오이스, 시앤짜이 메이요우
Bùhǎoyìsi, xiànzài méiyǒu

里面请! 리미앤 칭
Lǐmiàn qǐng

◇◇◇◇◇◇◇◇◇◇

뭐 드시겠습니까?

你想吃什么? 니 시양 츠 션머
Nǐ xiǎng chī shénme

위시양로우쓰어향육사가 맛있다고 하던데요.

听说*鱼香肉丝很好吃。 팅슈어 위시양 로우쓰 헌 하오츠
Tīngshuō yúxiāng ròusī hěn hǎochī

*鱼香肉丝-새콤달콤한 맛의 돼기고기채 볶음요리

맞아요, 한국 분들이 즐겨 먹어요. 하나 주문하죠.

对，韩国人很爱吃的。 뒈이, 한구어런 헌 아이 츠 더
Duì, Hánguórén hěn ài chī de

来一个吧! 라이 이거 바
Lái yíge ba

오늘 제가 한 턱 낼게요. 마음껏 시키세요.

今天我请客，随便点吧! 찐티앤 워 칭커, 쒜이비앤 디앤 바
Jīntiān wǒ qǐngkè, suíbiàn diǎn ba

그럼, 잘 먹겠습니다.

那就不客气了。 나 찌요우 부 커치 러
Nà jiù bú kèqì le

★ 你想吃什么?　　무엇을 먹고 싶습니까?

① 여기서 想 xiǎng 은 ~하고 싶다는 뜻으로 바램을 나타내는 조동사이다. ~하고 싶지 않다라고 할 때는 앞에 부정의 뜻을 나타내는 不 bù 를 써서 不想 bùxiǎng 이라고 표현하면 된다.

예　니 시양 츠 션머
你想吃什么?　　뭘 드시고 싶습니까?
Nǐ xiǎng chī shéme

시양 츠 핑구어
⇒ 想吃苹果。　　⇨ 사과 먹고 싶어요.
xiǎng chī píngguǒ

션머 또우 부 시양 츠
什么都不想吃。　　아무것도 먹고 싶지 않습니다.
Shénme dōu bù xiǎng chī

※ 苹果 píngguǒ 사과

② 想 xiǎng 은 생각하다, 그리워하다라는 뜻도 갖고 있다.

예　워 시양 니
我想你。　　저는 당신이 그립습니다.
Wǒ xiǎng nǐ

POINT & 해설

⭐ 听说
듣건대.. / 듣자하니 ~라고 한다

이 표현은 듣건대.. / 듣자니 ~라고 한다라는 뜻이다. 본인의 판단
이 아니라 다른 사람이 내린 판단을 전할 때 쓰는 표현이다.

팅슈어 타 취 쭝구어 러
听说他去中国了。 (듣자니) 그는 중국에 갔다고 합니다.
Tīngshuō tā qù Zhōngguó le

팅슈어 쩌 띠앤잉 헌 요우 이쓰
听说这电影很有意思。 이 영화는 매우 재미있다고 합니다.
Tīngshuō zhè diànyǐng hěn yǒu yìsi

⭐ 来一个吧!
하나 주세요!

여기서 来 lái 는 要 yào 와 같이 **필요하다**의 뜻으로 음식점에서
주문을 할 때 자주 쓰이는 표현이다. 여기서 주의할 점, **밥 한
그릇 주세요**라고 할 때는 要一碗饭 yào yì wǎn fàn 이라고 하
지 않고 来一碗饭 lái yì wǎn fàn 이라고 말한다. 왜냐하면 要
饭 yàolfàn 은 **밥을 동냥한다**라는 뜻이기 때문이다.

라이 이 핑 피지요우
来一瓶啤酒。 맥주 한 병 주세요.
lái yì píng píjiǔ

라이 이 거 탕추로우
来一个糖醋肉。 탕수육 하나 주세요.
lái yí ge tángcùròu

1 아무거나 괜찮습니다, 마음대로 하세요라는 뜻이다. 随 suí 와 便 biàn 사이에 선택 결정권을 가진 사람을 넣어 표현하기도 한다.

워먼 츠 션머
예) 我们吃什么?
Wǒmen chī shénme

우리 뭘 먹을까요?

쒜이비앤
⇨ 随便。
suíbiàn

⇨ 아무 거나요.

쒜이 니 더 비앤
⇨ 随你的便。
suí nǐ de biàn

⇨ 당신 마음대로요.

2 형용사로 쓰일 때는 더 이상의 고려함이 없이 **편한 대로**, 하고 싶은 대로 하다의 뜻을 갖는다. 또한 자유로움이 지나쳐 무책임하다, 제멋대로 하다라는 뜻도 갖고 있다.

타 츄안 더 헌 쒜이비앤
예) 他穿得很随便。
Tā chuān de hěn suíbiàn

그는 옷을 편한대로 입었습니다.

슈어화 뿌넝 타이 쒜이비앤
说话不能太随便。
Shuōhuà bùnéng tài suíbiàn

말은 함부로 해서는 안 됩니다.

※ 穿 chuān 입다　　　说话 shuōhuà 말하다

단어 바꿔 말하기

응용 1

무엇을 하고 싶습니까?

니 시양 쭈어 션머
你想做什么?
Nǐ xiǎng zuò shénme

⇒ 나는 음악을 듣고 싶어요.

워 시양 팅 인위에
我想听音乐。
Wǒ xiǎng tīng yīnyuè

1 영화를 보다

칸 띠앤잉
看电影
kàn diànyǐng

2 중국어를 배우다

쉬에 한위
学汉语
xué Hànyǔ

3 사천요리를 먹다

츠 쓰촨 차이
吃四川菜
chī sìchuān cài

응용 2

어떤 맛으로 드릴까요?

니 야오 션머 코우웨이 더
你要什么口味的?
Nǐ yào shénme kǒuwèi de

매운 것으로 주세요.

야오 라 더
要辣的。
Yào là de

1 단 것

티앤 더
甜的
tián de

2 신 것

쑤안 더
酸的
suān de

3 싱거운 것

딴 더
淡的
dàn de

요리 & 먹거리

미판
쌀밥 米饭
mǐfàn

죠우
죽 粥
zhōu

파오차이
배추김치 泡菜
pàocài

샤오카오
불고기 烧考
shāokǎo

파오차이 후어구어
김치찌개 泡菜火锅
pàocài huǒguō

따지양탕
된장국 大酱汤
dàjiàngtāng

죠우지양탕
청국장 臭酱汤
chòujiàngtāng

션지탕
삼계탕 参鸡汤
shēnjītāng

춘쥐앤
춘권 春卷
chūnjuǎn

지야오즈
물만두 饺子
jiǎozi

빠오즈
찐만두 包子
bāozi

따오쉬에미앤
중국식 칼국수 刀削面
dāoxuēmiàn

만토우
찐빵 馒头
mántou

미앤빠오
빵 面包
miànbāo

지앤삥
전병 煎饼
jiānbǐng

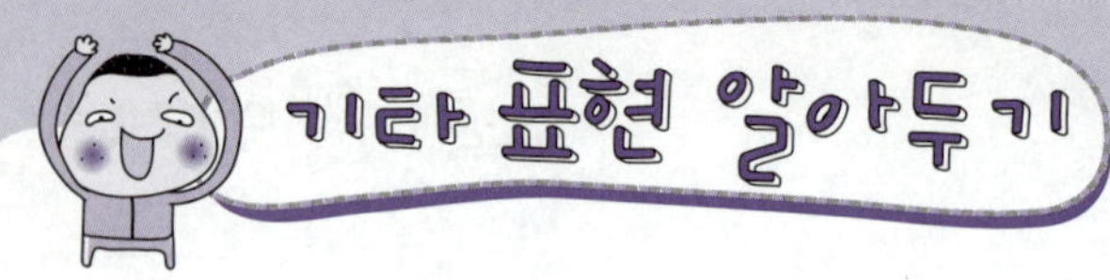

식당에서

어서 오세요! 안으로 들어가세요.
환잉 꽝린, 리미앤 칭
欢迎光临, 里面请!
Huānyíng guānglín, lǐmiàn qǐng

뭘 드시고 싶나요?
니 시양 츠 션머
你想吃什么?
Nǐ xiǎng chī shéme

뭘 좋아합니까?
시환 츠 션머
喜欢吃什么?
Xǐhuan chī shénme

⇨ 아무거나 시키세요.
쒜이비앤 디앤 바
随便点吧!
Suíbiàn diǎn ba

요리 4개를 시키면 충분하겠죠?
디앤 쓰 거 차이, 꼬우 바
点四个菜, 够吧?
Diǎn sì ge cài, gòu ba

여기서 가장 잘하는 요리는
무엇입니까?
쩌리 더 나쇼우 차이 스 션머
这里的拿手菜是什么?
Zhèli de náshǒu cài shì shénme

식사는 무엇으로 하시겠습니까?
주스 라이 션머
主食来什么?
Zhǔshí lái shénme

🖙 중국에서는 **식사류**를 **主食** zhǔshí 이라고 표현한다.

주류는요?

지요우 레이 너
酒类呢?
Jiǔ lèi ne

⇒ 바이지요우 한 병 주세요.

라이 이 핑 바이지요우
来一瓶白酒。
Lái yì píng báijiǔ

✿ **白酒** báijiǔ 는 한국의 소주와 같은 개념의 술 종류인데, 일반적으로 알콜 도수가 50~60도 정도 된다.

1번 세트와 밀크쉐이크 주세요.

게이 워 라이 이 하오 타오찬 허 나이시
给我来一号套餐和奶昔。
Gěi wǒ lái yī hào tàocān hé nǎixī

✿ 패스트 푸드점에서 메뉴를 주문할 때 흔히 세트는 **一号** yī hào 와 같이 앞에 숫자를 붙여 **몇 번** 세트라고 말한다. **套餐** tàocān 이 세트라는 뜻이다.

맛이 어떻습니까?

웨이따오 쩐머양
味道怎么样?
Wèidào zěnmeyàng

⇒ 매우 맛있어요.

헌 하오츠
很好吃。
Hěn hǎochī

이 요리는 너무 짭니다.

쩌 따오 차이 타이 시앤 러
这道菜太咸了。
Zhè dào cài tài xián le

✿ 여기서 **道** dào 는 요리를 세는 양사이다.

먹을 만한가요?

츠 더 꽌 마
吃得惯吗?
Chī de guàn ma

⇨ 괜찮은데요.

하이 커이
还可以。
Hái kěyǐ

오늘 제가 한 턱 낼게요.

진티앤 워 칭커
今天我请客。
Jīntiān wǒ qǐngkè

⇨ 그럼, 사양하지 않겠습니다.

나 찌요우 부 커치 러
那就不客气了。
Nà jiù bú kèqì le

✿ 여기서 **客气** kèqi 는 **사양하다**라는 뜻인데 앞에 **不**를 덧붙여 **사양하지 않겠다**는 뜻을 나타낸다. **客气** 앞에 ~하지 마세요라는 뜻을 가진 **别** bié 를 붙이면 **别客气。** 사양하지 마세요, 괜찮습니다라는 표현이 된다.

돈 많이 쓰시게 한 것 같네요.

랑 닌 포어페이 러
让您破费了。
Ràng nín pòfèi le

✿ **破** pò 는 깨지다, 파손되다라는 뜻으로 **破费** pòfèi 는 금전상의 손해를 끼치다라는 뜻이다.

이렇게 많이 남았네요.
너무 아까워요.

셩 러 쩌머 뚜어, 타이 커시 러
剩了这么多, 太可惜了。
Shèng le zhème duō, tài kěxī le

⇨ 우리 포장해서 가져갑시다.

잔먼 다빠오 바
咱们打包吧!
Zánmen dǎbāo ba

중국 요리는 일반적으로 조리법과
요리 재료로 요리 이름을 표현한다.
4글자로 된 요리 이름을 보면
보통 앞의 두 글자는 요리 방법을 나타내고
뒤의 두 글자는 요리 재료를 말한다.
한국 사람들이 즐겨 먹는 요리
몇 가지를 살펴보자.

软炸虾仁 ruǎnzhá xiārén

새우에 튀김옷을 입혀
부드럽게 튀겨낸 새우요리

糖醋里脊 tángcù lǐ jǐ

안심을 이용해 만든 탕수육,
새콤달콤한 맛.

宫暴鸡丁 gōngbào jī dīng

닭고기 가슴살을 이용해 만든
매콤한 볶음요리

京姜肉丝 jīngjiāng ròusī

돼지고기를 채 썰어 춘장을 넣고 볶은 후,
생강, 파를 곁들어 먹는 요리.

중국 음식의 일반적인 특징은
동쪽은 시고, 서쪽은 맵고,
남쪽은 달고, 북쪽은 짜다고 한다.
베이징에 가면 여러 지역의 특색요리를
다 맛볼 수 있지만
한국 사람들의 입맛에 맞는
지역의 요리는
매운 맛이 특징인
후난요리와 쓰촨요리이다.

附近有洗手间吗?

근처에 화장실이 있습니까?

이번 과에서는 길이나 방향을 묻는 표현에 대해 배워보자. 상대방에게 질문할 때는 항상 먼저 **请问** 칭 원 말씀 좀 묻겠습니다라는 표현을 사용해야 하며, 장소를 물을 때는 **在哪儿?** 짜이 나알 어디 있습니까?와 같은 표현을 사용한다.

새로운 단어

- 附近 fùjìn 근처, 부근
- 怎么 zěnme 어떻게
- 一直 yìzhí 줄곧
- 前 qián 앞
- 左 zuǒ 왼쪽
- 就是 jiùshì 바로 ~이다
- 远 yuǎn 멀다

- 洗手间 xǐshǒujiān 화장실
- 走 zǒu 걷다
- 往 wǎng ~쪽으로
- 然后 ránhòu 그리고 나서
- 拐 guǎi 돌다
- 离 lí ~로부터

말씀 좀 묻겠습니다, 근처에 화장실이 있습니까?

请问，附近有洗手间吗？ 칭원, 푸찐 요우 시쇼우지앤 마
Qǐngwèn, fùjìn yǒu xǐshǒujiān ma

네, 있습니다.

有。 요우
Yǒu

실례지만, 어떻게 갑니까?

请问，怎么走？ 칭원, 쩐머 조우
Qǐngwèn, zěnme zǒu

곧장 앞으로 가다가, 왼쪽으로 돌면 바로입니다.

一直往前走，然后左拐就是。
Yìzhí wǎng qián zǒu, ránhòu zuǒ guǎi jiùshì
이즈 왕 치앤 조우, 란호우 주어 과이 찌요우스

여기서 멉니까?

离这儿远不远？ 리 쩌얼 위앤 부 위앤
Lí zhèr yuǎn bu yuǎn

그리 멀지 않습니다.

不太远。 부 타이 위앤
Bú tài yuǎn

감사합니다!

谢谢！ 시에시에
Xièxie

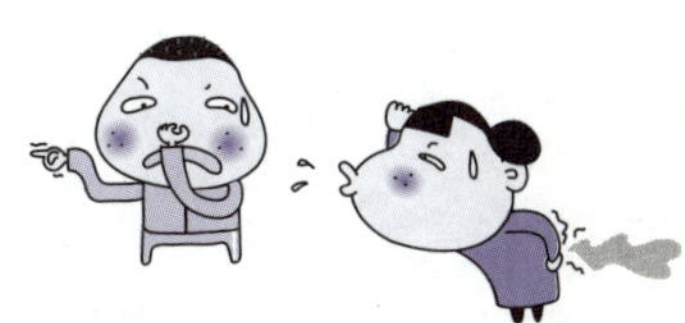

★ 怎么走? 어떻게 갑니까?

방향 혹은 길을 물을 때는 走 zǒu **가다** 앞에 원인, 방법 등을 물을 때 쓰는 의문사 怎么 zěnme 를 사용하여 **어떻게 갑니까?** 라고 묻거나, 在 zài **~에 있다** 뒤에 장소를 묻는 의문 대명사 **哪儿** nǎr 혹은 **什么地方** shénme dìfang 을 사용하여 **어디에 있습니까?** 라고 한다.

> 칭원, 이위앤 쩐머 조우
> 请问, 医院怎么走? 실례합니다, 병원은 어떻게 갑니까?
> Qǐngwèn, yīyuàn zěnme zǒu

> 인항 짜이 션머 띠팡
> 银行在什么地方? 은행은 어디에 있습니까?
> Yínháng zài shénme dìfang

> 띠티에짠 짜이 나알
> 地铁站在哪儿? 지하철역은 어디에 있습니까?
> Dìtiězhàn zài nǎr

※ 医院 yīyuàn 병원　　银行 yínháng 은행
地铁站 dìtiězhàn 지하철역

방향을 가리키는 개사 전치사 往 wǎng 은 ~쪽으로라는 뜻으로 뒤
에는 일반적으로 前 qián 앞, 后 hòu 뒤, 东 dōng 동쪽, 南 nán 남
쪽 등 방위사가 붙는다.

왕 치앤 칸
예 往前看　　　　　　앞쪽을 보세요.
wǎng qián kàn

왕 베이 조우
往北走　　　　　　북쪽으로 가세요.
wǎng běi zǒu

※ 看 kàn 보다　　北 běi 북쪽

개사 전치사 离 lí 는 공간이나 시간의 거리를 나타내며 그 기준이
되는 장소 앞에서는 ~에서, ~로 부터라는 뜻이 되고 시간 앞
에서는 ~까지라는 의미로 쓰인다.

리 워지아 위앤 마
예 离我家远吗?　　　　　우리 집에서 멉니까?
Lí wǒ jiā yuǎn ma

리 팡지아 하이 요우 이거 싱치
离放假还有一个星期。 방학까지는 아직 일주일 남았습니다.
Lí fàngjià hái yǒu yíge xīngqī

※ **放假** fàngjià 방학　　**还** hái 또, 더

★ 远不远?
멉니까, 멀지 않습니까?

앞에서 문장 끝에 의문을 나타내는 **吗** ma ~**까?**를 써서 의문문을 만드는 방법을 배웠다. 그 밖에 **远不远?** yuǎn bu yuǎn **멉니까, 멀지 않습니까?**와 같이 **긍정＋부정**의 형식으로도 의문문을 만들 수 있다.

텅 부 텅
예 疼不疼?　　　　　아픕니까, 아프지 않습니까?
téng bu téng

레이 부 레이
累不累?　　　　　힘듭니까, 힘들지 않습니까?
lèi bu lèi

진 부 진
近不近?　　　　　가깝습니까, 가깝지 않습니까?
jìn bu jìn

※ **疼** téng 아프다　　**累** lèi 피곤하다　　**近** jìn 가깝다

太 tài 는 매우, 아주라는 뜻의 정도를 나타내는 부사이다. 부정
문에 쓰일 때는 그다지, 별로라는 뜻으로 쓰인다.

부 타이 하오칸
예 **不太好看**
bú tài hǎokàn

그다지 예쁘지 않습니다.

부 타이 까오
不太高
bú tài gāo

그다지 높지 않습니다.

※ 好看 hǎokàn 예쁘다　高 gāo 높다

단어 바꿔 말하기

응용 1

실례합니다.
병원은 어떻게 갑니까?

칭원, 이위앤 쩐머 조우
请问, 医院怎么走?
Qǐngwèn, yīyuàn zěnme zǒu

⇒ 앞으로 가세요.

왕 치앤 조우
往前走。
Wǎng qián zǒu

1 바로 맞은편입니다.
뛰이미앤 찌요우스
对面就是　Duìmiàn jiùshì

2 오른쪽으로 돌아가세요.
왕 요우 과이
往右拐　Wǎng yòu guǎi

3 잘 모르겠습니다.
부 타이 칭츄
不太清楚　Bú tài qīngchu

응용 2

근처에 은행이 있습니까?

푸진 요우 인항 마
附近有银行吗?
Fùjìn yǒu yínháng ma

1 화장실
웨이성지앤
卫生间
wèishēngjiān

2 약국
야오띠앤
药店
yàodiàn

3 우체국
요우쥐
邮局
yóujú

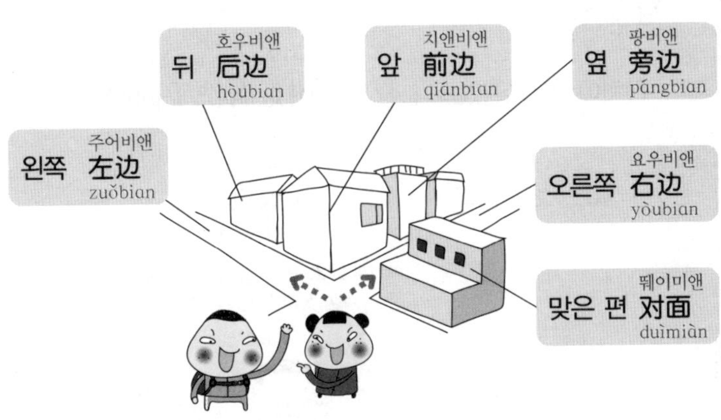

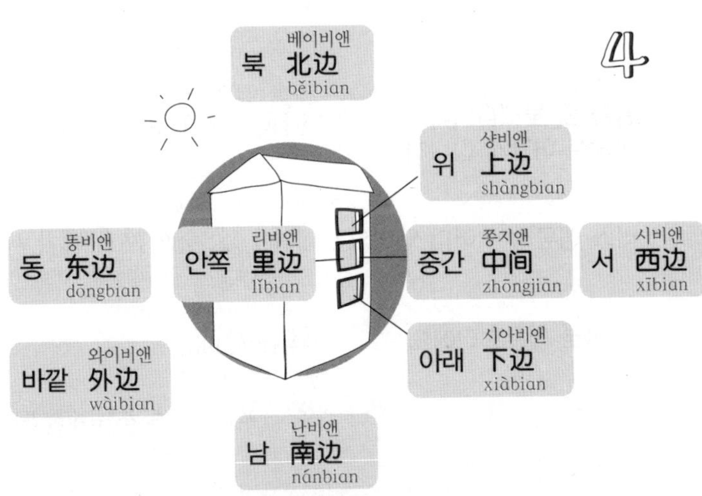

Q7 附近有洗手间吗? 근처에 화장실이 있습니까? **115**

길물기

근처에 화장실 있습니까?

> 푸진 요우 시쇼우지앤 마
> **附近有洗手间吗?**
> Fùjìn yǒu xǐshǒujiān ma

⇨ 없는 것 같아요.

> 하오시양 메이요우
> **好象没有。**
> Hǎoxiàng méiyǒu

↳ 여기서 **好象** hǎoxiàng 은 ~인 것 같다라는 뜻으로 확정 짓지 못하고 추측하는 어감을 나타낸다.

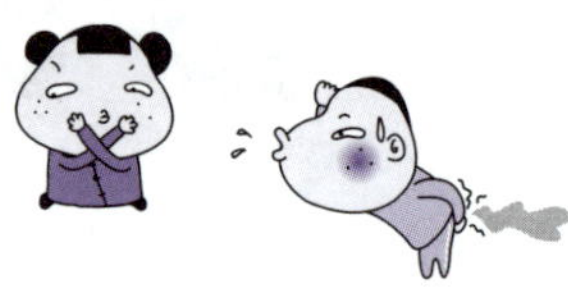

말씀 좀 묻겠습니다.
화장실 어떻게 갑니까?

> 칭 원, 시쇼우지앤 쩐머 조우
> **请问, 洗手间怎么走?**
> Qǐngwèn, xǐshǒujiān zěnme zǒu

버스 정류장이 어디 있어요?

> 칭원, 꽁지야오처짠 짜이 나알
> **请问, 公交车站在哪儿?**
> Qǐngwèn, gōngjiāochēzhàn zài nǎr

⇨ 바로 맞은편이에요.

> 찌요우 짜이 뛔이미앤
> **就在对面。**
> Jiù zài duìmiàn

↳ 여기서 **站** zhàn 은 **역, 정류장**을 뜻한다.

길을 건너면 바로 있습니다.

꾸어 마루 찌요우스
过马路就是。
Guò mǎlù jiùshì

☆ **就是** jiùshì 은 **바로 ~이다**라는 뜻이다.

앞의 사거리에서
오른쪽으로 도세요.

짜이 치앤미앤 더 스쯔 루코우 왕 요우 과이
在前面的十字路口往右拐。
Zài qiánmiàn de shízì lùkǒu wǎng yòu guǎi

☆ **前面** qiánmiàn **앞쪽**, **后面** hòumiàn **뒤쪽**

횡단보도를 건너면
바로 보입니다.

꾸어 러 런싱따오 찌요우 넝 칸지앤
过了人行道就能看见。
Guò le rénxíngdào jiù néng kànjiàn

걸어갑니까?
아니면 차를 탑니까?

조우 져 취, 하이스 쭈어쳐 취
走着去，还是坐车去?
Zǒu zhe qù, háishì zuòchē qù

10분 정도 걸으면 됩니다.

조우 스 펀종 찌요우 따오 러
走10分钟就到了。
Zǒu shí fēnzhōng jiù dào le

저도 이곳이 처음이라
잘 모르겠습니다.

워 예 스 띠이츠 라이 쩌얼, 부 타이 칭츄
我也是第一次来这儿，
Wǒ yě shì dìyīcì lái zhèr,

不太清楚。
bú tài qīngchu

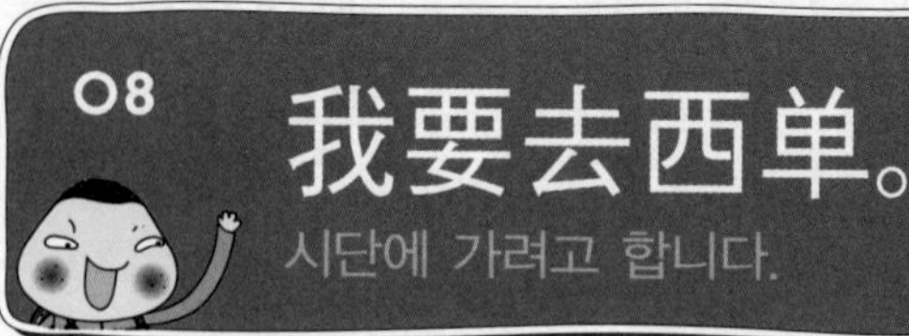

이번 과에서는 교통수단에 관계된 표현들을 배워보자.
상대방에게 목적지를 알리고 도움을 청할 때 보통 **我要去~** 워 야오 취~ **저는 ~에 가려고 합니다**, **该坐什么去呢?** 가이 쭈어 션머 취 너 **뭘 타고 가야 합니까?**라고 말한다.
각종 교통수단의 명칭 및 목적지 명칭을 꼭 알아두자.

새로운 단어

- ✿ 去 qù 가다
- ✿ 要 yào ~하려고 하다
- ✿ 坐 zuò 앉다, 타다
- ✿ 或者 huòzhě 혹, 또는
- ✿ 都 dōu 모두, 다
- ✿ 如果~的话 rúguǒ ~ de huà 만약 ~한다면
- ✿ 打车 dǎchē 택시를 잡다
- ✿ 堵 dǔ 막다

- ✿ 哪儿 nǎr 어디
- ✿ 该 gāi ~해야 한다
- ✿ 公交车 gōngjiāochē 시내버스
- ✿ 地铁 dìtiě 지하철
- ✿ 可以 kěyǐ 괜찮다
- ✿ 高峰时间 gāofēng shíjiān 러시아워
- ✿ 换车 huànchē 갈아타다

어디 가십니까?

你去哪儿? 니 취 나알
Nǐ qù nǎr

시단에 가려고 하는데, 무엇을 타고 가야 하나요?

我要去西单, 该坐什么去呢? 워 야오 취 시딴, 가이 쭈어 션머 취 너
Wǒ yào qù Xīdān, gāi zuò shénme qù ne

버스 혹은 지하철 다 괜찮습니다.

坐公交车或者坐地铁都可以。
Zuò gōngjiāochē huòzhě zuò dìtiě dōu kěyi
쭈어 꽁찌야오쳐 후어져 쭈어 띠티에 또우 커이

만약 멀지 않으면 택시를 타고 가고 싶은데요.

如果不远的话, 我想打车。 루구어 뿌 위앤 더 화, 워 시양 다쳐
Rúguǒ bù yuǎn de huà, wǒ xiǎng dǎchē

러시아워 때는 차가 막혀서 지하철을 타는 편이 낫습니다.

高峰时间堵车, 还是坐地铁吧。
Gāofēng shíjiān dǔchē, háishì zuò dìtiě ba
까오펑 스지앤 두쳐, 하이스 쭈어 띠티에 바

갈아 타야합니까?

要换车吗? 야오 환쳐 마
Yào huànchē ma

아니요.

不用。 부용
Búyòng

POINT & 해설

★ 要
~하려고 하다

앞에서 배웠던 **필요하다**라는 뜻 외에 조동사로 ~**하려고 하다** 라는 뜻으로도 쓰인다. 일반적으로 동사 앞에 놓여 말하는 사람의 희망이나 의지를 나타낸다. 또한 ~**해야 한다**, ~**할 필요가 있다**라는 뜻으로도 쓰인다.

워 야오 이 핑 쉐이

예) **我要一瓶水。**
Wǒ yào yì píng shuǐ

물 한 병 주세요.

워 야오 훼이지아

我要回家。
Wǒ yào huíjiā

저는 집에 돌아가려고 합니다.

야오 누리 쉬에시

要努力学习。
Yào nǔlì xuéxí

열심히 공부해야 한다.

※ **瓶** píng ~병 양사 **回家** huíjiā 귀가하다
努力 nǔlì 노력하다 **学习** xuéxí 공부하다

~해야 한다라는 뜻의 조동사이다.

가이 팅 따런 더 화
该听大人的话。
Gāi tīng dàrén de huà
어른들의 말씀을 잘 들어야 합니다.

가이 쉐이지야오 러
该睡觉了。
Gāi shuìjiào le
이제 자야 합니다.

※ 听 tīng 듣다   大人 dàrén 어른

A 혹은 B이다, A 아니면 B이다의 뜻으로 문장과 문장사이, 명사와 명사 사이에 놓여 선택문을 만드는 접속사이다.

니 취 후어져 타 취 또 씽
你去或者他去都行。
Nǐ qù huòzhě tā qù dōu xíng
당신이 가든지 아니면 그가 가든지 다 괜찮습니다.

바 치앤 게이 마마 후어져 게이 빠바
把钱给妈妈或者给爸爸。
Bǎ qián gěi māma huòzhě gěi bàba
돈을 엄마 혹은 아버지께 드리세요.

※ 钱 qián 돈   给 gěi 주다

POINT & 해설

★ 还是
~ 아니면 ~

① A 또는 B, A 아니면 B라는 뜻으로 답이 될 수 있는 두 개의
상황 중 하나를 선택해야 하는 의문문에 사용한다. 이러한 의
문문을 바로 선택 의문문이라고 한다.

츠판 하이스 츠 미앤빠오

예 吃饭还是吃面包?　　　밥 먹을래요 아니면 빵 먹을래요?
Chīfàn háishì chī miànbāo

츠 미앤빠오

⇨ **吃面包。**　　　⇨ 빵 먹을래요.
Chī miànbāo

※ 面包 miànbāo 빵

② 또한 ~하는 편이 좋다라는 뜻으로도 쓰인다.

티앤치 렁 러,　　　하이스 뚜어 츄안 디얼 바

예 天气冷了, 还是多穿点儿吧!
Tiānqì lěng le, háishì duō chuān diǎnr ba
날씨가 추워졌으니 옷을 많이 입는 것이 좋겠습니다.

※ 天气 tiānqì 날씨　　　冷 lěng 춥다　　　多 duō 많다

★ 打车

택시를 잡다

택시를 잡다라는 표현인데, 打的 dǎdī 라고도 말한다. 여기서
동사 打 dǎ 는 뒤에 붙여지는 명사에 따라 여러 가지 뜻을 나타
낸다.

따 런
打人 사람을 때리다
dǎ rén

따 쉐이
打水 물을 긷다
dǎ shuǐ

따 파이
打牌 카드놀이를 하다
dǎ pái

따 띠앤화
打电话 전화를 걸다
dǎ diànhuà

단어 바꿔 말하기

 응용1

저는 티앤안먼천안문에 가려고 합니다.

워 야오 취 티앤안먼

我要去天安门。
Wǒ yào qù Tiān'ānmén

1 왕푸징왕부정
왕푸징
王府井
Wángfǔjǐng

2 이허위앤이화원
이허위앤
颐和园
Yíhéyuán

3 언어학원
위이앤 쉬에위앤
语言学院
Yǔyán xúeyuàn

 응용2

뭘 타고 가야 합니까?

가이 쭈어 션머 취 너

该坐什么去呢?
Gāi zuò shénme qù ne

⇒ 지하철을 타고 가세요.

쭈어 띠티에 바

坐地铁吧。
Zuò dìtiě ba

1 시내버스
꽁지야오쳐
公交车
gōngjiāochē

2 기차
후어쳐
火车
huǒchē

3 비행기
페이지
飞机
fēijī

교통수단

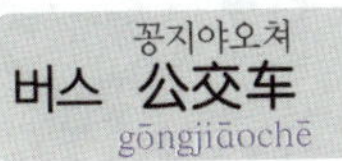
꽁지야오쳐
버스　公交车
gōngjiāochē

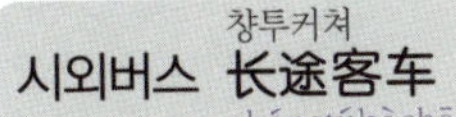
챵투커쳐
시외버스　长途客车
chángtúkèchē

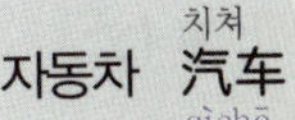
치쳐
자동차　汽车
qìchē

츄주쳐
택시　出租车
chūzūchē

띠티에
지하철　地铁
dìtiě

후어쳐
기차　火车
huǒchē

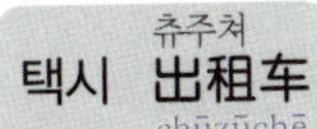
페이지
비행기　飞机
fēijī

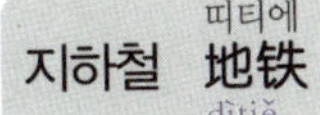
즈셩지
헬리콥터　直升机
zhíshēngjī

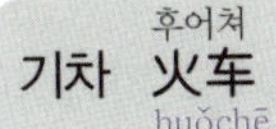
쯔싱쳐
자전거　自行车
zìxíngchē

모투어쳐
오토바이　摩托车
mótuōchē

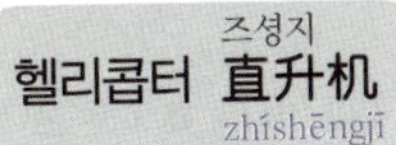
란쳐
케이블카　缆车
lǎnchē

후어쳐
트럭　货车
huòchē

요우츄안
유람선　游船
yóuchuán

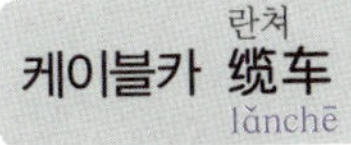

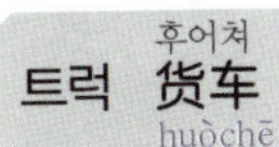

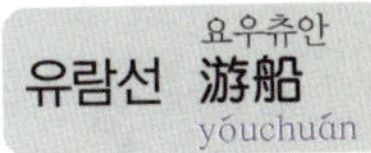

버스

어디 가세요?

니 취 나알
你去哪儿?
Nǐ qù nǎr

⇒ 천안문에 가려고 합니다.

워 야오 취 티앤안먼
我要去天安门。
Wǒ yào qù Tiān'ānmén

몇 번 버스 타고 가야하나요?

가이 쭈어 지 루 쳐 너
该坐几路车呢?
Gāi zuò jǐ lù chē ne

몇 번 버스가 베이징대에 갑니까?

지 루 쳐 따오 베이따
几路车到北大?
Jǐ lù chē dào Běidà

⇒ 383번이 갑니다.

싼 빠 싼 루
383路。
Sān bā sān lù

✿ 버스 노선을 말할 때는 번호를 나타내는 **号**를 쓰는 것이 아니라 **路**lù 를 쓴다.

이 버스가 왕푸징에 갑니까?

쩌 루 쳐 따오 왕푸징 마
这路车到王府井吗?
Zhè lù chē dào Wángfǔjǐng ma

지하철

지하철이 더 빠릅니다.

쭈어 띠티에 껑 콰이
坐地铁更快。
Zuò dìtiě gèng kuài

어느 역에서 갈아타나요?

잉가이 짜이 션머 짠 환청 너
应该在什么站换乘呢?
Yīnggāi zài shénme zhàn huànchéng ne

☆ **换乘** huànchéng 은 **환승, 차를 갈아타다**라는 뜻이다.

지하철 승차권은 한 장에
얼마입니까?

띠티에피야오 뚜어샤오 치앤 이 짱
地铁票多少钱一张?
Dìtiěpiào duōshao qián yì zhāng

거꾸로 타셨네요.
맞은편에서 타세요.

쭈어 판 러, 따오 뛔이미앤 쭈어 바
坐反了, 到对面坐吧。
Zuò fǎn le, dào duìmiàn zuò ba

택시

급하면 택시 타고 가세요.

루구어 쟈오지 더 화, 찌요우 다쳐 바
如果着急的话, 就打车吧。
Rúguǒ zháojí de huà, jiù dǎchē ba

출퇴근 시간에는
차가 많이 막혀요.

샹 시아반 스지앤 두쳐 헌 이앤쫑
上下班时间堵车很严重。
Shàng xiàbān shíjiān dǔchē hěn yánzhòng

☆ **上班** shàngbān 은 **출근하다**, **下班** xiàbān 은 **퇴근하다**라는 뜻으로
上下班时间은 출퇴근 시간 즉, 러시아워를 말한다.

베이징 택시의 기본요금은
얼마입니까?

베이징 더 추주쳐 치지아 스 뚜어샤오
北京的出租车起价是多少?
Běijīng de chūzūchē qǐjià shì duōshao

기타 표현 알아두기

기사님,
먼 길로 돌아가지 마세요.

스푸, 부야오 라오위앤
师傅，不要绕远。
Shīfu, búyào ràoyuǎn

바로 앞에서 세워주세요.

찌요우 짜이 치앤미앤 팅시아 바
就在前面停下吧！
Jiù zài qiánmiàn tíngxià ba

기차

기차 타는 편이 나아요.

하이스 쭈어 후어쳐 바
还是坐火车吧！
Háishì zuò huǒchē ba

티앤진 가는 침대칸 승차권
한 장 주세요.

게이 워 이 짱 취 티앤진 더 잉워
给我一张去天津的硬卧。
Gěi wǒ yì zhāng qù Tiānjīn de yìngwò

↪ 중국의 기차좌석은 여러 종류가 있다.

硬座 yìngzuò 좌석, **硬卧** yìngwò 딱딱한 침대좌석, **软卧** ruǎnwò 고급 침대좌석

내일 쿤밍 가는 표가 있나요?

요우 메이요우 밍티앤 취 쿤밍 더 피야오
有没有明天去昆明的票？
Yǒu méiyǒu míngtiān qù Kūnmíng de piào

베이징 가는
특급행 표 한 장 주세요.

야오 이 짱 취 베이징 더 터콰이
要一张去北京的特快。
Yào yì zhāng qù Běijīng de tèkuài

역을 지나쳤어요.

워 쭈어 꾸어 짠 러
我坐过站了。
Wǒ zuò guò zhàn le

✍ **过** guò 는 **지나다**라는 뜻으로 **坐过站** zuò guò zhàn 은 **역을 지나쳤다**는 표현이다.

비행기

상하이에 뭐 타고 가나요?

니 쭈어 션머 취 샹하이
你坐什么去上海?
Nǐ zuò shénme qù Shànghǎi

➪ 비행기 타고 갑니다.

쭈어 페이지
坐飞机。
Zuò fēijī

대한항공의 기내식은
먹을 만합니다.

따한 항콩 더 지네이찬 헌 부추어
大韩航空的机内餐很不错。
Dàhán hángkōng de jīnèicān hěn búcuò

탑승수속은 벌써
마쳤습니다.

자오찌요우 빤 완 덩지 쇼우쉬 러
早就办完登机手续了。
Zǎojiù bàn wán dēngjī shǒuxù le

중국 따리앤 행 비행기가
곧 이륙합니다.

페이 왕 쭝구어 따리앤 더 페이지 찌양 야오 치페이 러
飞往中国大连的飞机将要起飞了。
Fēi wǎng Zhōngguó Dàlián de fēijī jiāng yào qǐfēi le

비행기가 연착되었어요.

페이지 우디앤 러
飞机误点了。
Fēijī wùdiǎn le

你住在哪儿?

당신은 어디에 삽니까?

이번 과에서는 거주지를 묻고 답하는 표현에 대해 알아
보자. 장소 및 거주지를 물을 때는 장소를 뜻하는 의문
사 **哪儿** 나알 **어디** 혹은 **什么地方** 션머 띠팡 **어느 곳**을 사
용하고 답할 때는 **住在** 쭈짜이 + **장소 ~에 삽니다**라고 하
면 된다.

새로운 단어

- 住 zhù 살다
- 宿舍 sùshè 기숙사
- 多少 duōshao 몇, 얼마
- 空 kòng 비다, 틈
- 电话号码 diànhuà hàomǎ 전화번호

- 留学生 liúxuéshēng 유학생
- 房间 fángjiān 방
- 号 hào ~번, 번호
- 玩 wán 놀다

당신은 어디에 삽니까?

你住在哪儿? 니 쭈 짜이 나알
Nǐ zhù zài nǎr

저는 유학생 기숙사에서 지냅니다.

我住在留学生宿舍。 워 쭈 짜이 리요우쉬에셩 쑤셔
Wǒ zhù zài liúxúeshēng sùshè

그럼, 당신의 방은 몇 호입니까?

那, 你的房间是多少号? 나, 니 더 팡지앤 스 뚜어샤오 하오
Nà, nǐ de fángjiān shì duōshao hào

내 방은 301호입니다. 시간 있으면 놀러 오세요.

我的房间是301号。 워 더 팡지앤 스 싼 링 야오 하오
Wǒ de fángjiān shì sān líng yāo hào

有空儿来玩儿吧。 요우 콩 라이 왈 바
Yǒu kòngr lái wánr ba

좋아요. 전화번호가 몇 번이죠?

好的, 电话号码是多少? 하오 더, 띠앤화 하오마 스 뚜어사오
Hǎo de, diànhuà hàomǎ shì duōshao

전화번호는 643-1520입니다.

电话号码是643-1520。 띠앤화 하오마 스 리요우 쓰 싼 야오 우 얼 링
Diànhuà hàomǎ shì liù sì sān - yāo wǔ èr líng

几 / 多少

몇, 얼마

둘 다 수량을 물을 때 사용되는 의문사인데, 几 jǐ 는 10 이하의 적은 수를 물을 때 주로 쓰고, 多少 duōshao 는 예상된 숫자의 크기와 상관없이 수량을 물을 때 쓰인다.

시야오 펑요우, 지 쒜이 러
小朋友, 几岁了? 꼬마친구, 몇 살이니?
Xiǎo péngyou, jǐ suì le

이꽁 뚜어샤오 치앤
一共多少钱? 모두 얼마에요?
Yígòng duōshao qián

니 더 띠앤화 하오마 스 뚜어샤오
你的电话号码是多少? 당신의 전화번호는 몇 번입니까?
Nǐ de diànhuà hàomǎ shì duōshao

※ 小朋友 xiǎo péngyou 꼬마친구 　　岁 suì ~살, ~세
一共 yígòng 모두

방 번호나 전화번호등 번호를 말할 때는 숫자를 하나하나 읽어야 한다. 그 밖에 주의할 점은 방 번호, 전화번호, 버스노선 등 번호를 읽을 때 **숫자 1**을 yī로 읽는 것이 아니라 yāo로 읽어야 한다.

워 야오 쭈어 야오 링 얼 루
我要坐102路。　　　저는 102번 버스를 타려고 해요.
Wǒ yào zuò yāo líng èr lù

워 쭈 짜이 리요우 링 야오 하오 팡지앤
我住在601号房间。　저는 601호에 묵고 있습니다.
Wǒ zhù zài liù líng yāo hào fángjiān

※ **路** lù ~번 노선

★ **空**　　　　　　　　　시간, 틈

원래 빈 공간이라는 뜻이다. 시간이라는 뜻으로 사용할 때는 일반적으로 空儿 kòngr 으로 표현한다.

요우 콩쭈어 마
예 有空座吗?
Yǒu kòngzuò ma

빈자리 있나요?

요우 콩 라이 칸 워
有空儿来看我。
Yǒu kòngr lái kàn wǒ

시간 날 때 저를 보러 오세요.

※ 座 zuò 자리

★ 吧

~합시다

문장 끝에 쓰여서 가벼운 명령이나 제안을 나타내고, 상대방의
의견에 동의하거나 가벼운 추측을 나타낸다.

잔먼 츠 바
예 咱们吃吧!
Zánmen chī ba

우리 먹읍시다!

니 취 바
你去吧!
Nǐ qù ba

당신이 가세요.

来 lái 와 去 qù 는 오다, 가다라는 의미 이외에 방향을 나타내는 방향보어로 사용된다. 来는 동사 뒤에 쓰여 동작이 말하는 사람 쪽으로 가까워짐을 나타내고, 去는 반대로 말하는 사람으로부터 멀어짐을 나타낸다.

	来		去	
上	상라이 **上来** shànglai	올라오다	상취 **上去** shàngqu	올라가다
下	시아라이 **下来** xiàlai	내려오다	사아취 **下去** xiàqu	내려가다
回	훼이라이 **回来** huílai	돌아오다	훼이취 **回去** huíqu	돌아가다
进	진라이 **进来** jìnlai	들어오다	진취 **进去** jìnqu	들어가다
出	츄라이 **出来** chūlai	나오다	츄취 **出去** chūqu	나가다
起	치라이 **起来** qǐlai	일어나다		

단어 바꿔 말하기

 **응용1**

당신은 어디에 삽니까?

니 쭈 짜이 나알
你住在哪儿?
Nǐ zhù zài nǎr

⇒ 호텔에 삽니다.

워 쭈 짜이 삔관
我住在宾馆。
Wǒ zhù zài bīnguǎn

1 기숙사
쑤셔
宿舍
sùshè

2 서울
쇼우얼
首尔
Shǒu'ěr

3 베이징
베이징
北京
Běijīng

✿ 지금까지 사용해온 서울의 명칭 **汉城** Hànchéng 을 **首尔** Shǒu'ěr 로 개명했다.

 **응용2**

당신의 전화번호는 몇 번입니까?

니 더 띠앤화 하오마 스 뚜어샤오
你的电话号码是多少?
Nǐ de diànhuà hàomǎ shì duōshao

1 핸드폰
쇼우지
手机
shǒujī

2 자동차
쳐파이
车牌
chēpái

3 팩스
추안쩐
传真
chuánzhēn

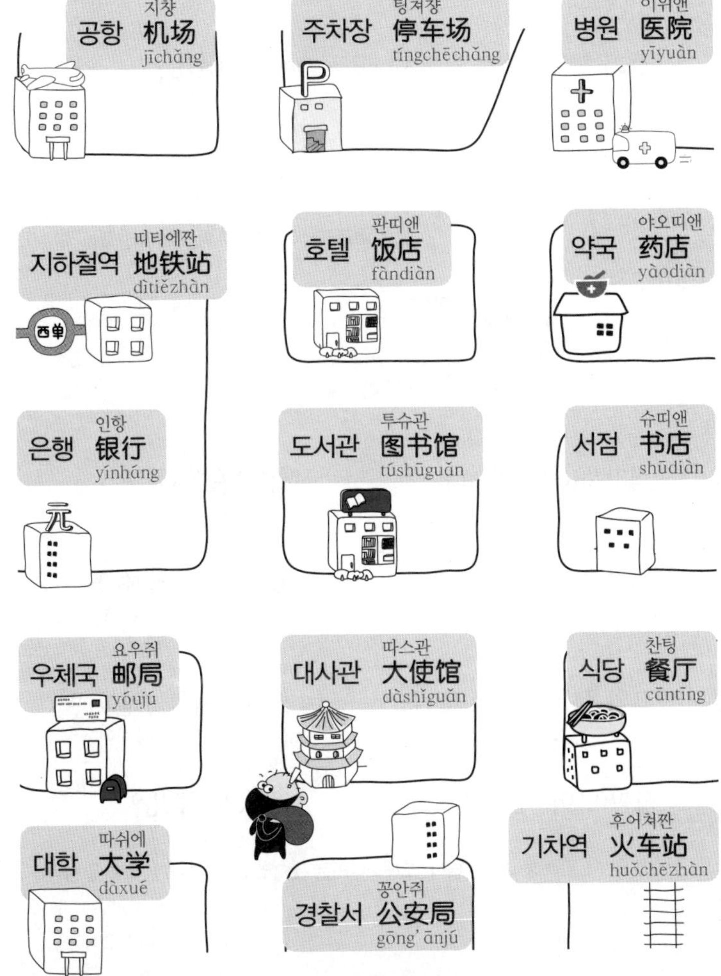
지챵
공항 机场
jīchǎng

팅쳐챵
주차장 停车场
tíngchēchǎng

이위앤
병원 医院
yīyuàn

띠티에짠
지하철역 地铁站
dìtiězhàn

西单

판띠앤
호텔 饭店
fàndiàn

야오띠앤
약국 药店
yàodiàn

인항
은행 银行
yínháng

元

투수관
도서관 图书馆
túshūguǎn

슈띠앤
서점 书店
shūdiàn

요우쥐
우체국 邮局
yóujú

따스관
대사관 大使馆
dàshǐguǎn

찬팅
식당 餐厅
cāntīng

따쉬에
대학 大学
dàxué

꿍안쥐
경찰서 公安局
gōng'ānjú

후어쳐짠
기차역 火车站
huǒchēzhàn

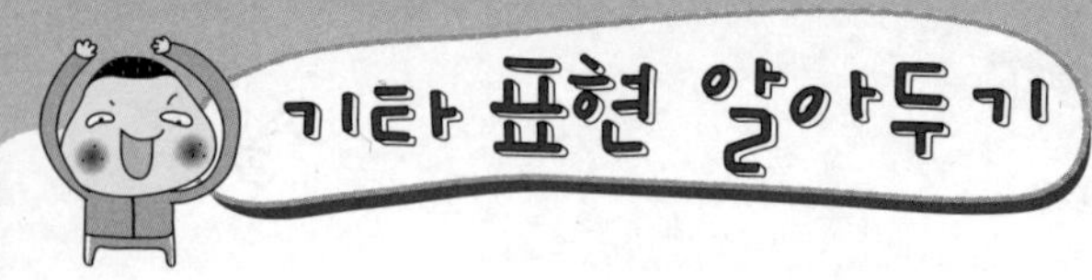

거주지

당신은 어디에서 묵으시나요?

니 쭈 나알
你住哪儿?
Nǐ zhù nǎr

⇨ 저는 호텔에서 묵습니다.

워 쭈 지요우띠앤
我住酒店。
Wǒ zhù jiǔdiàn

✿ 酒店 jiǔdiàn 은 주점이 아니라 **호텔**을 말한다.

집이 어디에 있습니까?

니 지아 짜이 나알
你家在哪儿?
Nǐ jiā zài nǎr

⇨ 학교 근처입니다.

워 지아 짜이 쉬에시야오 푸진
我家在学校附近。
Wǒ jiā zài xuéxiào fùjìn

그의 집은 어디에 있나요?

타 지아 짜이 션머 띠팡
他家在什么地方?
Tā jiā zài shénme dìfang

고향이 어디입니까?

라오지아 스 나알
老家是哪儿?
Lǎojiā shì nǎr

✿ 老 lǎo 는 낡다, 오래되다라는 뜻으로 **老家** lǎojiā 는 **고향**을 말한다.

당신의 방은 몇 호입니까?

니 더 팡지앤 스 뚜어샤오 하오
你的房间是多少号?
Nǐ de fángjiān shì duōshao hào

⇨ 301호입니다.

스 싼 링 야오 하오
是301号。
Shì sān líng yāo hào

✿ 방, 전화 등 번호를 읽을 때 숫자 1은 一 yī 로 읽지 않고 yāo라고 읽는다.

당신은 몇 호에 머물고 있나요?

니 쭈 지 하오 팡지앤
你住几号房间?
Nǐ zhù jǐ hào fángjiān

⇨ 502호요.

우 링 얼 하오 팡지앤
502号房间。
Wǔ líng èr hào fángjiān

주소를 적어주세요.

칭 티앤시에 니 더 쭈즈
请填写你的住址。
Qǐng tiánxiě nǐ de zhùzhǐ

✿ 住址 zhùzhǐ 는 거주지, 주소를 뜻한다.

10

可以试一试吗?

입어 봐도 되나요?

이번 과에서는 물건을 살 때 흔히 쓰는 표현들을 배워 두자. 색깔, 크기 등과 같은 사물의 상태를 표현하는 형용사를 많이 익혀두도록 하자.

새로운 단어

- 买 mǎi 사다
- 上衣 shàngyī 상의
- 颜色 yánsè 색깔
- 今年 jīnnián 올해
- 款式 kuǎnshì 디자인, 모양
- 满意 mǎnyì 만족하다
- 大 dà 크다
- 好看 hǎokàn 예쁘다
- 件 jiàn 옷, 사건 등을 세는 양사
- 怎么样 zěnmeyàng 어때요?
- 艳 yàn 화려하다, 밝다
- 流行 liúxíng 유행하다
- 试 shì 입어보다, 시험해보다
- 紧 jǐn 조이다, 끼다
- 肥 féi 넓다, 헐렁하다

상의를 사려고 하는데요.

我想买件上衣。 워 시양 마이 찌앤 샹이
Wǒ xiǎng mǎi jiàn shàngyī

이것은 어때요?

这件怎么样? 쩌 찌앤 쩐머양
Zhè jiàn zěnmeyàng

색깔이 너무 화려한 것 같아요.

颜色太艳了吧。 이앤써 타이 이앤 러 바
Yánsè tài yàn le ba

올해 유행하는 디자인이에요.

这是今年的流行款式。 쩌 스 진니앤 더 리요우씽 콴스
Zhè shì jīnnián de liúxíng kuǎnshì

그래요? 입어 봐도 되나요?

是吗? 可以试一试吗? 스 마? 커이 스 이 스 마
Shì ma　Kěyǐ shì yi shì ma

그럼요.

可以。 커이
Kěyǐ

◇◇◇◇◇◇◇◇◇◇

어때요? 마음에 드시나요?

怎么样？ 满意吗？ 쩐머양? 만이 마
Zěnmeyàng? mǎnyì ma

좀 끼이는 것 같아요. 한 사이즈 큰 것으로 주세요.

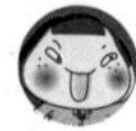
有点儿紧， 요우디얼 진,
Yǒudiǎnr jǐn,

给我大一号的吧。 게이 워 따 이 하오 더 바
gěi wǒ dà yí hào de ba

너무 헐렁하면 보기 싫어요.

太肥就不好看了。 타이 페이 찌요우 뿌 하오칸 러
Tài féi jiù bù hǎokàn le

좋아요, 이것으로 주세요.

那好吧，就要这个。 나 하오 바, 찌요우 야오 쩌거
Nà hǎo ba, jiù yào zhège

POINT & 해설

★ 怎么样?

어때요, 어떻습니까?

상대방의 의견을 물을 때 쓰는 **어때요, 어떻습니까?**라는 뜻이다. 여기서 怎么 zěnme 는 **어떻게, 어째서, 왜**의 뜻으로 상황이나 방식, 원인을 물을 때 쓰인다.

쩐머 츠
예) **怎么吃?**
Zěnme chī

어떻게 먹습니까?

니 쩐머 부 취
你怎么不去?
Nǐ zěnme bú qù

어째서 가지 않았습니까?

★ 试一试

한 번 해보겠습니다

옷이나 신발을 살 때 흔히 쓰이는 표현으로 동사 试 shì **시험하다**가 반복되어 쓰였다.
이와 같이 동사를 두번 중복해서 쓰면 동작이 발생하는 시간이 짧거나 가볍고 부담없이 **한번 ~해 보다**라는 의미를 나타낸다.
흔히 음절이 하나인 동사의 경우는 AA 혹은 A一A, 음절이 둘인 동사의 경우는ABAB의 형식을 취하며 때로는 AAB형식으로 표현되기도 한다.

틴틴
예) 听听 좀 들어 보세요.
tīngting

창 이 창
尝一尝 맛 좀 보세요.
cháng yi cháng

샹량 샹량
商量商量 상의 좀 해봅시다.
shāngliang shāngliang

티야오 티야오우
跳跳舞 춤 좀 춥시다.
tiào tiaowǔ

※ 尝 cháng 맛보다　　商量 shāngliang 상의하다

★ 有点儿 / 一点儿

좀, 조금

有点儿 yǒudiǎnr 은 형용사나 동사 앞에 놓여 **좀, 조금**의 뜻으로 만족하지 못하는 상황에서 많이 쓰인다. 그리고 点儿은 정확하지 않은 수량을 표시하는데 앞에 숫자 一 yi 를 붙여 一点儿 yīdiǎnr **조금, 좀**이라는 뜻을 나타낸다. 하지만 동사 뒤에 놓일 때는 일반적으로 숫자 一를 생략한다.

요우디얼 텅
예) 有点儿疼。 좀 아파요.
yǒudiǎnr téng

허 디얼 쉐이
喝点儿水。 물 좀 드세요.
hē diǎnr shuǐ

콰이 이디얼
快一点儿。 좀 서두르세요.
kuài yìdiǎnr

이디얼 예 메이요우
一点儿也没有。 조금도 없어요.
yìdiǎnr yě méiyǒu

※ 喝 hē 마시다

给 gěi 는 문장에서 여러 가지 뜻을 나타내는데, 동사로 쓰일 때는 주다의 뜻으로 흔히 인칭대명사 앞에 놓인다.

그 밖에 ~에게라는 뜻의 개사 전치사 로 뒤에 명사나 대명사와 함께 쓰여 항상 술어 앞에 놓인다.

게이 워 홍 더
예 给我红的。
gěi wǒ hóng de

빨간색을 주십시오. 동사

게이 빠바 마이 슈
给爸爸买书。
gěi bàba mǎi shū

아버지께 책을 사드려요. 개사

형용사　　서로 반대되는 의미의 형용사를 짝을 지어 알아보자

따		시야오		진		송	
大 크다	⇔	**小** 작다		**紧** 끼다	⇔	**松** 헐렁하다	
dà		xiǎo		jǐn		sōng	

챵		뚜안		션		치앤	
长 길다	⇔	**短** 짧다		**深** 짙다	⇔	**浅** 옅다	
cháng		duǎn		shēn		qiǎn	

꿰이		피앤이		쇼우		페이	
贵 비싸다	⇔	**便宜** 싸다		**瘦** 마르다	⇔	**肥** 뚱뚱하다	
guì		piányi		shòu		féi	

단어 바꿔 말하기

 **응용1**

치마 좀 보여주세요!

게이 워 칸칸 췬즈
给我看看裙子。
Gěi wǒ kànkan qúnzi

1 바지
쿠즈
裤子
kùzi

2 스웨터
마오이
毛衣
máoyī

3 모자
마오즈
帽子
màozi

 **응용2**

이 신발 어때요?

쩌 슈앙 시에 쩐머양
这双鞋怎么样?
Zhè shuāng xié zěnmeyàng

⟹ 딱 좋아요.

쩡 허스
正合适。
Zhèng héshì

1 좀 작아요.

요우디얼 시야오
有点儿小。 Yǒudiǎnr xiǎo

2 매우 마음에 듭니다.

헌 만이
很满意。 Hěn mǎnyì

3 별로입니다.

뿌 쩐머양
不怎么样。 Bù zěnmeyàng

물건 사는 곳

미앤쉐이띠앤
면세점 免税店
miǎnshuìdiàn

요우이 샹띠앤
우의상점 友谊商店
yǒuyì shāngdiàn

友谊商店

바이후어 따로우
백화점 百货大楼
bǎihuò dàlóu

百货大楼

삐앤리띠앤
편의점 便利店
biànlìdiàn

쯔쉬앤 샹챵
슈퍼마켓 自选商场
zìxuǎn shāngchǎng

링쇼우띠앤
소매점 零售店
língshòudiàn

피파 스챵
도매시장 批发市场
pīfā shìchǎng

시야오마이띠앤
매점 小卖店
xiǎomàidiàn

챠오스
대형마트 超市
chāoshì

예스
야시장 夜市
yèshì

띠앤스 꼬우우
TV
홈쇼핑 电视购物
diànshì gòuwù

왕샹 꼬우우
인터넷
쇼핑 网上购物
wǎngshàng gòuwù

짜오스
새벽시장 早市
zǎoshì

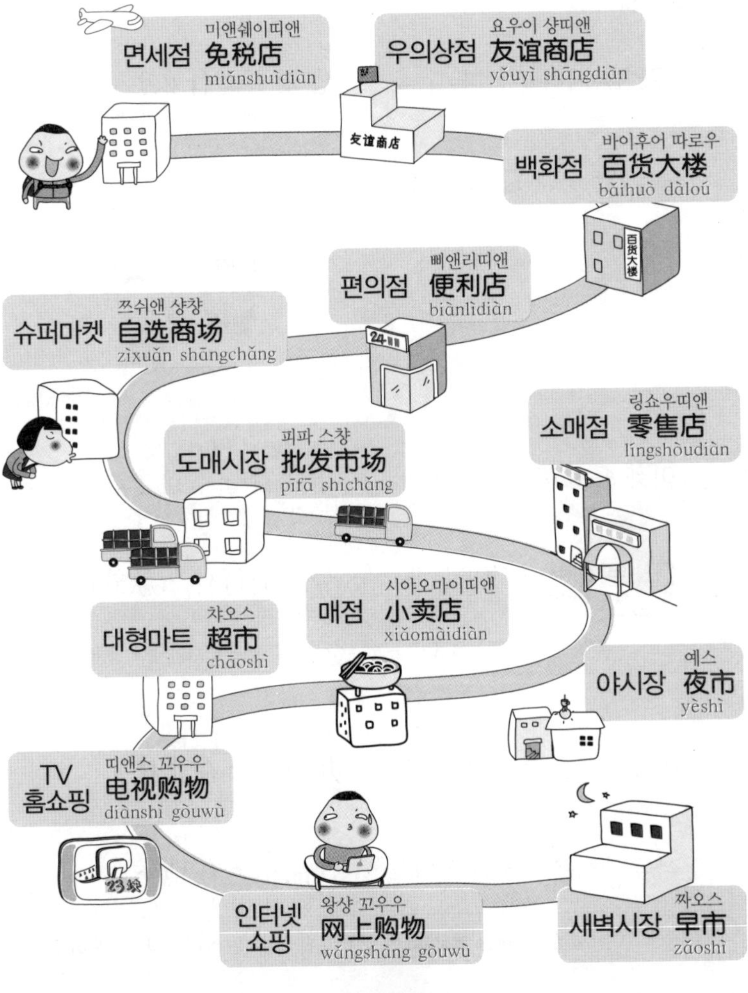

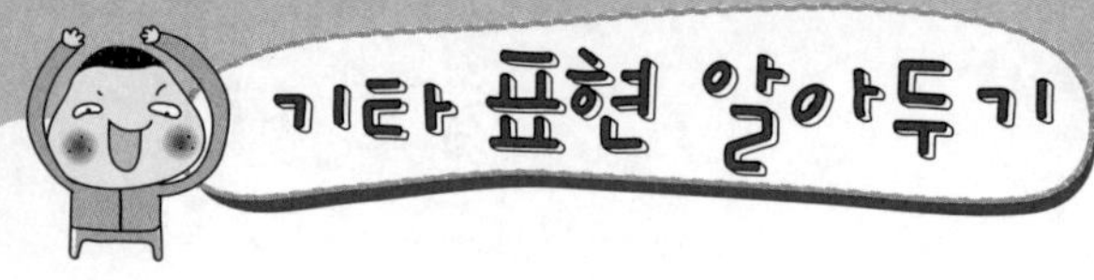

쇼핑

무엇을 사려고 합니까?

닌 야오 마이 디앤 션머
您要买点什么?
Nín yào mǎi diǎn shénme

⇨ 그냥 구경 좀 하려고요.

쉐이비앤 칸칸
随便看看。
Suíbiàn kànkan

이것 좀 보여 주십시오.

게이 워 칸 이시아 쩌거
给我看一下这个。
Gěi wǒ kàn yíxià zhège

올해는 어떤 디자인이
유행입니까?

진니앤 리요우싱 션머 콴스 너
今年流行什么款式呢?
Jīnnián liúxíng shénme kuǎnshì ne

♧ **款式** kuǎnshì 는 신발, 옷 등의 **디자인, 모양**을 뜻한다.

아동복은 몇 층에 있나요?

얼퉁 푸좡 짜이 지 로우
儿童服装在几楼?
Értóng fúzhuāng zài jǐ lóu

식품 매장은 지하에 있어요.

스핀 꿰이타이 짜이 띠시아
食品柜台在地下。
Shípǐn guìtái zài dìxià

♧ **柜台** guìtái 는 **매장**이라는 뜻이고, 在+장소 는 ~**에 있다**라는 뜻이다.

또 다른 색깔이 있나요?

하이 요우 비에더 이앤써 마
还有别的颜色吗?
Hái yǒu biéde yánsè ma

❉ **别的** biéde 는 다른, 다른 것을 뜻한다.

이 디자인이 괜찮네요.

쩌거 콴스 부추어
这个款式不错。
Zhège kuǎnshì búcuò

❉ **错** cuò 는 원래 **틀리다, 정확하지 않다**라는 뜻인데 앞에 **不**를 덧붙여
不错라고 하면 **괜찮다**는 뜻이 된다.

이 신발은 소가죽인가요?

쩌 슈앙 시에 스 니요우피 더 마
这双鞋是牛皮的吗?
Zhè shuāng xié shì niúpí de ma

⇨ 아니요, 양가죽입니다.

부스, 스 양피
不是，是羊皮。
Búshì, shì yángpí

한 사이즈 작은 것으로 주세요.

게이 워 시야오 이 하오 더
给我小一号的。
Gěi wǒ xiǎo yí hào de

❉ **号** hào 는 신발, 옷 등의 **사이즈**를 말할 때 쓰이는 양사이다.

多少钱?

얼마입니까?

이번 과에서는 물건을 사고 가격을 흥정할 때 사용하는 표현들을 배워보자.

일반적으로 **这个多少钱?** 쩌거 뚜어샤오 치앤 **이것은 얼마입니까?**라고 가격을 묻고 나서 **太贵了。** 타이 꿰이 러 **너무 비싸요, 便宜点儿吧。** 피앤이 디얼 바 **싸게 해주세요**라고 말할 수 있다.

새로운 단어

- **双** shuāng ～켤레 신발을 세는 양사
- **钱** qián 돈
- **贵** guì 비싸다
- **过** guò 지나다
- **便宜** piányi 싸다
- **砍价** kǎnjià 값을 깎다
- **鞋** xié 신발
- **块** kuài ～위앤 돈을 세는 양사
- **最新** zuìxīn 최신의
- **新** xīn 새롭다
- **真** zhēn 정말
- **卖** mài 팔다

이 신발은 얼마입니까?

这双鞋多少钱？ 쩌 슈앙 시에 뚜어샤오 치앤
Zhè shuāng xié duōshao qián

240위앤입니다.

二百四十块。 얼바이 쓰스 콰이
Èr bǎi sìshí kuài

너무 비싸네요.

太贵了吧。 타이 꿰이 러 바
Tài guì le ba

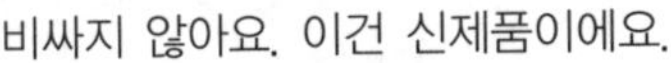

비싸지 않아요. 이건 신제품이에요.

不贵，这是最新款式。 부꿰이, 쩌 스 쭈이신 콴스
Búguì, zhè shì zuìxīn kuǎnshì

며칠 지나면 신제품이 아니잖아요. 싸게 해주세요.

过几天就不是新款式了， 꾸어 지티앤 찌요우 부스 신 콴스 러,
Guò jǐtiān jiù búshì xīn kuǎnshì le,

便宜点儿吧。 피앤이 디얼 바
piányi diǎnr ba

물건 값을 정말 잘 깎는군요. 210위앤에 드릴게요.

你真会砍价啊！ 니 쩐 훼이 칸지아 아
Nǐ zhēn huì kǎnjià a

二百一十块钱卖给你。 얼바이 이스 콰이 치앤 마이 게이 니
Èrbǎi yīshí kuài qián mài gěi nǐ

POINT & 해설

너무 비쌉니다

여기서 太~了 tài ~ le 는 **너무 ~하다**라는 뜻으로 그 정도가 지나치다는 것을 강조하는 문구이다. 그 반대로 **그다지 ~하지 않다**는 앞에 不 bù 를 써서 不太~ bú tài~ 로 표현하면 된다.

타이 뚜어 러
예) 太多了 너무 많다 ⇔ 不太多 별로 많지 않다
tài duō le   부 타이 뚜어 bú tài duō

타이 까오 러
太高了 너무 높다 ⇔ 不太高 그다지 높지 않다
tài gāo le   부 타이 까오 bú tài gāo

물건 값을 정말 잘 깎는다

会 huì 는 **~할 줄 안다**라는 뜻인데 앞에 真 zhēn **정말**이나 很 hěn **매우**와 같은 부사와 함께 쓰이면 **~을 잘 한다, ~에 뛰어나다**라는 뜻이 된다.

타 쩐 훼이 슈어
예) 他真会说。   그는 정말 말을 잘 합니다.
Tā zhēn huì shuō

지에지에 헌 훼이 마이 이푸
姐姐很会买衣服。   언니는 옷을 잘 삽니다.
Jiějie hěn huì mǎi yīfu

중국의 화폐는 人民币 런민삐인민폐이다. 런민삐의 단위는 元 yuán 위앤, 角 jiǎo 지야오, 分 fēn 펀이다. 그러나 대화체에서는 보통 块 kuài 콰이, 毛 máo 마오, 分 fēn 이라고 표현한다. 일반적으로 마지막에 오는 단위는 생략해서 말할 수 있다. 가운데 0이 들어갈 때는 반드시 0을 零 líng 이라고 읽어준다.

문서상		회화문	
2.05元	량 위앤 링 우 펀 两元零五分 liǎng yuán líng wǔ fēn	량 콰이 링 우 两块零五 liǎng kuài líng wǔ	2위앤 5펀
145.00元	이바이 쓰스우 위앤 一百四十五元 yìbǎi sìshíwǔ yuán	이바이 쓰스우 콰이 一百四十五块 yìbǎi sìshíwǔ kuài	145위앤
1504.00元	이치앤 우바이 링 쓰 위앤 一千五百零四元 yìqiān wǔbǎi líng sì yuán	이치앤 우바이 링 쓰 콰이 一千五百零四块 yìqiān wǔbǎi líng sì kuài	1504위앤

$$1元 = 10角 = 100分$$

단어 바꿔 말하기

입장권 한 장에 얼마입니까?

이 짱 먼피야오뚜어샤오 치앤

一张门票多少钱?
Yì zhāng ménpiào duōshao qián

1 커피 한 잔
이 뻬이 카페이
一杯咖啡
Yì bēi kāfēi

2 콜라 한 캔
이 팅 커러
一听可乐
Yì tīng kělè

3 사과 한 근
이 진 핑구어
一斤苹果
Yì jīn píngguǒ

당신은 정말 가격 흥정을 잘 하네요.

니 쩐 훼이 지양지아아

你真会讲价啊!
Nǐ zhēn huì jiǎngjià a

1 농담하다
카이 완시야오
开玩笑
kāi wánxiào

2 아부하다
파이 마피
拍马屁
pāi mǎpì

3 고르다
티야오
挑
tiāo

중국 화폐

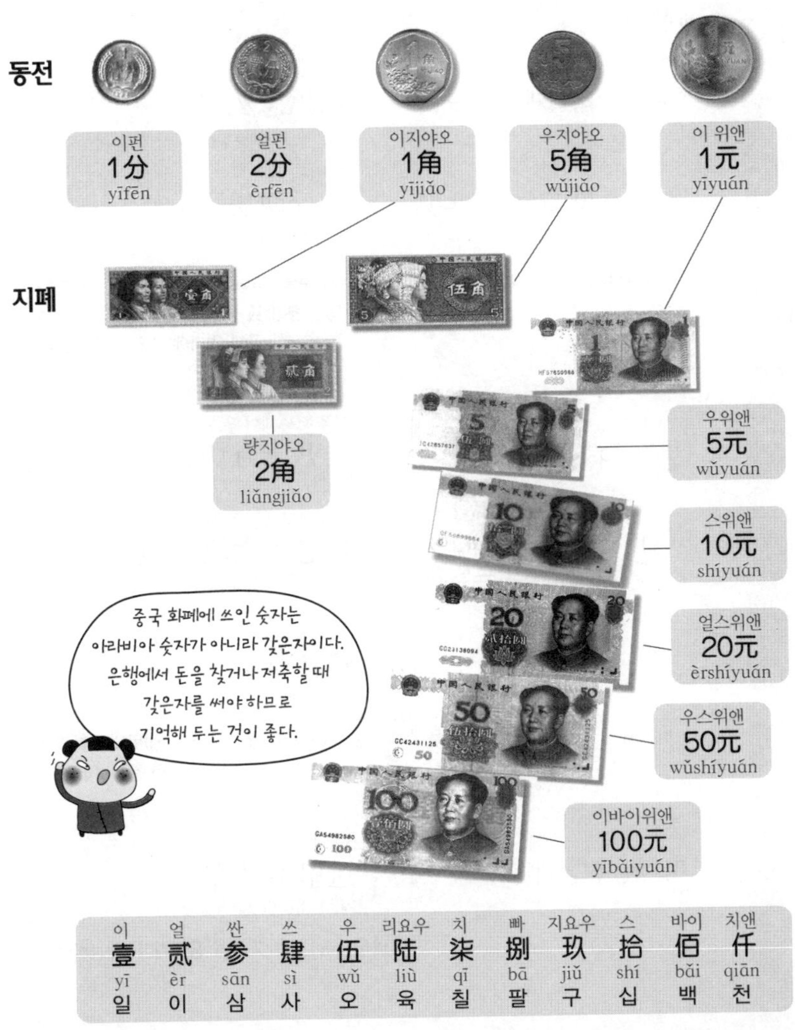

이	얼	싼	쓰	우	리요우	치	빠	지요우	스	바이	치앤
壹	貳	參	肆	伍	陆	柒	捌	玖	拾	佰	仟
yī	èr	sān	sì	wǔ	liù	qī	bā	jiǔ	shí	bǎi	qiān
일	이	삼	사	오	육	칠	팔	구	십	백	천

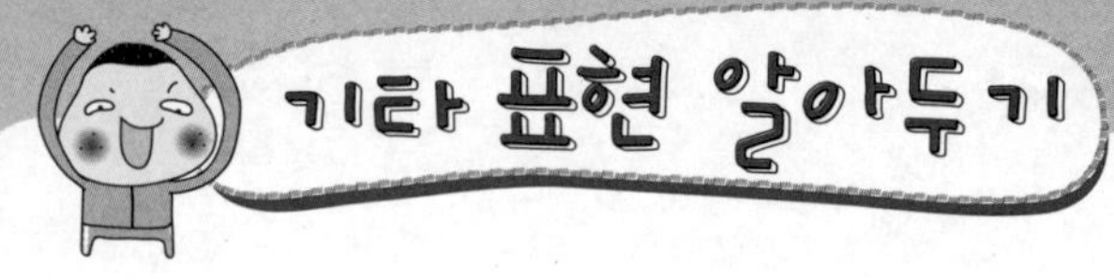

가격

수박은 어떻게 팔아요?

시과 쩐머 마이
西瓜怎么卖?
Xīguā zěnme mài

⇒ 한 근에 2위앤 입니다.

이 찐 량 콰이
一斤两块。
Yì jīn liǎng kuài

✿ 중국에서는 과일, 야채, 육류 등을 판매할 때 보통 저울로 달아서 근으로 판매한다.
때문에 가격을 물을 때는 **多少钱一斤?** duōshao qián yì jīn
한 근에 얼마에요?라고 물어본다.

모두 15.50위앤입니다.

이꽁 스우 콰이 우
一共十五块五。
Yígòng shíwǔ kuài wǔ

⇒ 16위앤 받았습니다.
5마오 거슬러 드릴게요.

쇼우 닌 스리요우 콰이, 쟈오 닌 우 마오
收您十六块, 找您五毛。
Shōu nín shíliù kuài, zhǎo nín wǔ máo

거스름돈을 잘못 준 것 같아요.

치앤 쟈오 추어 러
钱找错了。
Qián zhǎo cuò le

✿ **找钱** zhǎoqián 은 **거스름돈을 주다**라는 뜻이다. 뒤에 **错** cuò 는 **잘못되다,틀리다**
라는 뜻의 결과보어이다.

여기는 정찰제입니다.

쩌리 뿌 지양지아
这里不讲价。
Zhèli bù jiǎngjià

✿ **讲价** jiǎngjià 는 **가격을 흥정하다**라는 뜻이다.

흥정

좀 더 싸게 해주세요.

짜이 피앤이 디얼 바
再便宜点儿吧!
Zài piányi diǎnr ba

⇨ 이미 매우 싼 거에요.

이징 헌 피앤이 러
已经很便宜了。
Yǐjīng hěn piányi le

할인 받을 수 있나요?

넝 게이 워먼 다져 마
能给我们打折吗?
Néng gěi wǒmen dǎzhé ma

⇨ 10%할인됩니다.

넝 다 지요우 져
能打九折。
Néng dǎ jiǔ zhé

제가 10위앤을 양보할게요,
됐죠?

워 랑 니 스 콰이, 싱러 바
我让你十块, 行了吧?
Wǒ ràng nǐ shí kuài, xíngle ba

✿ 让 ràng 은 **양보하다**라는 뜻이고, **行了** xíngle 는 **됐다**라는 뜻이다.

최저 가격으로
얼마에 판매할 수 있어요?

쮀이띠 지아 넝 마이 뚜어샤오 치앤
最低价能卖多少钱?
Zuìdī jià néng mài duōshao qián

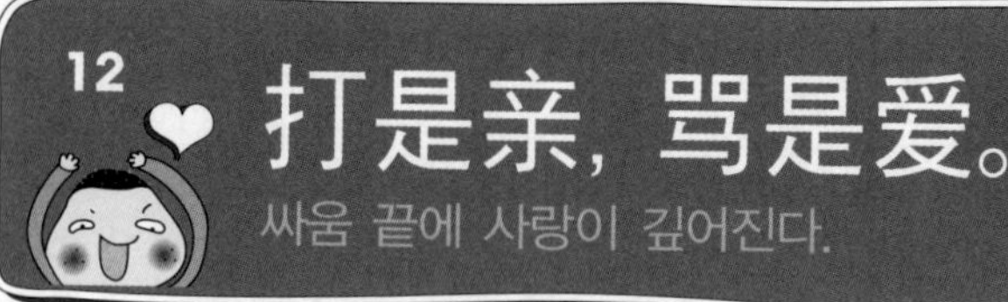

이번 과에서는 애정에 관련된 표현들을 배워 보도록 하
자. 싸움 끝에 사랑이 깊어진다라는 말을 중국에서는
打是亲, 骂是爱。 다스친 마스아이 라고 하고, 애인이랑 헤
어지는 것을 分手 펀쇼우 라고 한다.

새로운 단어

✿ 正在 zhèngzài ~하고 있다	✿ 热恋 rèliàn 열애
✿ 跟 gēn ~와(과)	✿ 男朋友 nánpéngyou 남자친구
✿ 吵架 chǎojià 말다툼하다	✿ 打 dǎ 때리다
✿ 亲 qīn 친하다, 사이좋다	✿ 骂 mà 욕하다
✿ 爱 ài 사랑하다	✿ 开玩笑 kāi wánxiào 농담하다
✿ 轻 qīng 가볍다	✿ 黄 huáng 헤어지다
✿ 准儿 zhǔnr 확신, 자신	✿ 肯定 kěndìng 확신하다
✿ 俩 liǎ 둘	✿ 和好 héhǎo 화해하다

듣건대 한창 열애중이라면서요.

听说你正在热恋中。 팅슈어 니 쩡짜이 러리앤 쫑
Tīngshuō nǐ zhèngzài rèliàn zhōng

누가 그래요? 어제도 남자친구랑 한판 싸웠어요.

谁说的？昨天还跟男朋友吵了一架呢。
Shéi shuō de, zuótiān hái gēn nánpéngyou chǎo le yíjià ne
세이 슈어 더? 주어티앤 하이 껀 난펑요우 챠오 러 이지아 너

싸움 끝에 사랑이 깊어진다잖아요.

打是亲，骂是爱嘛。 다스친, 마스아이마
Dǎ shì qīn, mà shì ài ma

농담하지 마세요. 가벼운 말다툼이 아니었어요.

别开玩笑了，打得不轻呢。 비에 카이 완시야오 러, 다 더 뿌 칭 너
Bié kāi wánxiào le, dǎ de bù qīng ne

설마 싸워서 헤어지는 건 아니겠죠?

不会打黄了吧？ 부 훼이 다 황 러 바
Bú huì dǎ huáng le ba

모를 일이죠.

没准儿。 메이 주얼
Méi zhǔnr

장담하는데, 당신들 며칠 지나지 않아서 분명 화해할 걸요.

我敢肯定，你俩过不了几天就会和好的。
Wǒ gǎn kěndìng, nǐ liǎ guò buliǎo jǐtiān jiù huì héhǎo de
워 간 컨띵, 니 랴 꾸어 부랴오 지티앤 찌요우 훼이 허하오 더

★ 谁说的?

누가 그래요?

누가 그래요?라는 뜻으로 상대방의 말을 부정하는 어감을 나타낸다. 이 밖에 **谁说~** shéi shuō~ **~한다고 누가 그래요?**라고 표현하기도 한다.

틩슈어 니 요우 뉘펑요우

听说你有女朋友。
Tīngshuō nǐ yǒu nǚpéngyou

여자 친구 있다고 들었어요.

셰이 슈어 더

⇨ **谁说的?**
Shéi shuō de

⇨ 누가 그래요?

셰이 슈어 워 쿠 러

谁说我哭了?
Shéi shuō wǒ kū le

제가 울었다고 누가 그래요?

★ 打是亲, 骂是爱

싸움 끝에 사랑이 깊어진다

직역하면 싸우는 것은 바로 친하기 때문이고, 욕하는 것은 바로 사랑하기 때문이다라는 뜻이다. 즉 싸움 끝에 사랑이 깊어진다라는 말이다.

푸치 챠오지아 헌 쩡챵, 다 스 친, 마 스 아이 마

夫妻吵架很正常, 打是亲, 骂是爱嘛。
Fūqī chǎojià hěn zhèngcháng, dǎ shì qīn, mà shì ài ma

부부가 싸우는 건 당연한 일이죠, 싸움 끝에 사랑이 깊어지니까요.

★ 别 ~ 了

~하지 마세요

~하지 마세요라는 뜻으로 금지를 나타내며, 不要 búyào 또한 같은 의미로 쓰인다.

비에 츄취 러
別出去了。
Bié chūqu le

나가지 마세요.

비에 허지요우 러
別喝酒了。
Bié hējiǔ le

술 마시지 마세요.

※ 出去 chūqu 나가다　　酒 jiǔ 술

★ ~不了

~할 수 없다

~不了 buliǎo 는 동사 뒤에서 ~할 수 없다라는 뜻을 나타낸다.

타이 뚜어 러, 츠 부랴오
太多了，吃不了。
Tài duō le, chī buliǎo

너무 많아서 먹을 수가 없어요.

메이 스지앤, 취 부랴오
没时间，去不了。
Méi shíjiān, qù buliǎo

시간이 없어서 갈 수가 없어요.

⑫ 打是亲，骂是爱。 싸움 끝에 사랑이 깊어진다.　　**161**

단어 바꿔 말하기

 응용1

담배 피우지 **마세요**.

니 비에 쵸우이앤 러

你别抽烟了。
Nǐ bié chōuyān le

1 잠자다	**2** 게으름피우다	**3** 그를 나무라다
쉐이	란	슈어 타
睡	**懒**	**说他**
shuì	lǎn	shuō tā

 응용2

저는 정말 더이상 먹을 수가 없습니다.

워 쩐더 츠 부랴오 러

我真的吃不了了。
Wǒ zhēnde chī bùliǎo le

1 마시다	**2** 참다	**3** 가다
허	쇼우	취
喝	**受**	**去**
hē	shòu	qù

사랑하다 爱 ^{아이}
ài

미워하다 恨 ^헌
hèn

좋아하다 喜欢 ^{시환}
xǐhuan

싫어하다 讨厌 ^{타오이앤}
tǎoyàn

기쁘다 高兴 ^{까오싱}
gāoxìng

슬프다 伤心 ^{샹신}
shāngxīn

아쉽다 可惜 ^{커시}
kěxī

만족하다 满意 (足) ^{만이(주)}
mǎnyì (zú)

웃다 笑 ^{시야오}
xiào

울다 哭 ^쿠
kū

걱정하다 担心 ^{딴신}
dānxīn

그리워하다 想念 ^{시양니앤}
xiǎngniàn

안심하다 放心 ^{팡신}
fàngxīn

후회하다 后悔 ^{호우훼이}
hòuhuǐ

조급해 하다 着急 ^{쟈오지}
zháojí

화내다 生气 ^{셩치}
shēngqì

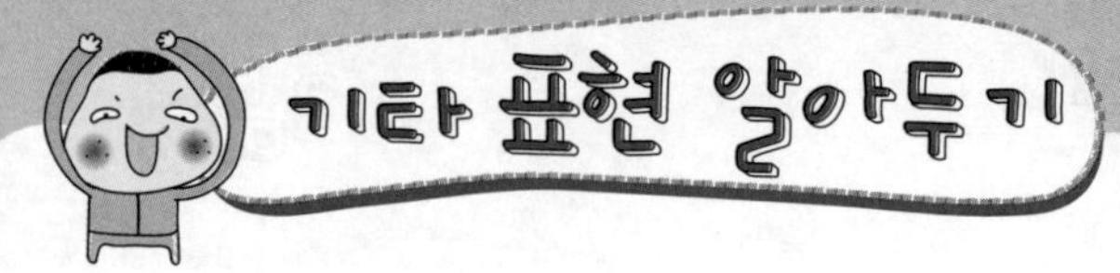

연애 / 사랑

저 여자친구 생겼어요.

워 요우 뉘펑요유 러
我有女朋友了。
Wǒ yǒu nǚpéngyou le

♣ 중국에서는 연인 사이인 여자친구를 **女朋友** nǚpéngyou,
남자친구를 **男朋友** nánpéngyou 라고 한다.
일반 친구사이는 그냥 **朋友** péngyou 라고 한다.

우리는 사귄 지 3년 됐어요.

워 껀 타 추 싼 니앤 러
我跟他触三年了。
Wǒ gēn tā chù sān nián le

그(그녀)와 헤어졌어요.

워 허 타(타) 펀쇼우 러
我和他(她)分手了。
Wǒ hé tā(tā) fēnshǒu le

양다리 걸쳤어요.

찌야오 타 량 즈 촨
脚踏两只船。
Jiǎo tà liǎng zhī chuán

♣ **踏** tà 는 디디다, 밟다라는 뜻으로 윗문장을 직역하면
발을 두 척의 배에 걸치다, 즉 **양다리 걸치다**라는 의미이다.

여자 친구 소개 시켜주세요.

게이 워 찌에샤오 뉘펑요우 바
给我介绍女朋友吧。
Gěi wǒ jièshào nǚpéngyou ba

당신은 눈이 너무 높아요.

니 야오치요우 타이 까오 러
你要求太高了。
Nǐ yāoqiú tài gāo le

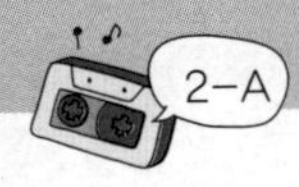

	가이 지에훈 러 바
결혼할 때가 됐죠?	该结婚了吧?
	Gāi jiéhūn le ba

	타먼 랴 리훈 러
그들 둘은 이혼했어요.	他们俩离婚了。
	Tāmen liǎ líhūn le

	시야오 량 코우 르즈 꾸어 더 헌 씽푸
두 부부는 행복하게 살고 있어요.	小两口日子过得很幸福。
	Xiěo liǎng kǒu rìzi guò de hěn xìngfu

　↪ 중국에선 **부부**를 **两口子** liǎng kǒuzi 혹은 **小两口** xiǎo liǎng kǒu 라고 부른다.

	아이 니 이완 니앤
당신을 일만 년 동안 사랑할거에요.	爱你一万年。
	Ài nǐ yíwàn nián

	쭈 니먼 바이토우 시에라오
검은 머리 파뿌리되도록 오래오래 행복하게 사세요.	祝你们白头谐老。
	Zhù nǐmen báitóu xiélǎo

　↪ 이 말은 결혼할 때 하객들이 부부에게 해주는 축하멘트이다.

李局长在吗?

이국장님 계십니까?

이번 과에서는 전화를 걸거나 받을 때 쓰이는 표현에 대해 배워보자.
전화할 때 **我是~**。 워 스~ 저는 ~입니다 혹은 **这里是~**。 쩌리 스~ 여기는 ~입니다라고 먼저 본인이 누구인지, 어디인지를 밝혀야 한다.

새로운 단어

- ✿ 喂 wèi 여보세요
- ✿ 局长 júzhǎng 국장
- ✿ 开会 kāihuì 회의하다
- ✿ 麻烦 máfan 번거롭다
- ✿ 贸易 màoyì 무역
- ✿ 知道 zhīdao 알다

- ✿ 公司 gōngsī 회사
- ✿ 在 zài ~에 있다
- ✿ 找 zhǎo 찾다
- ✿ 转告 zhuǎngào 전해주다
- ✿ 电话 diànhuà 전화
- ✿ 别的 biéde 다른, 다른 것

여보세요, 여기는 대한회사입니다.

喂，你好！这里是大韩公司。 웨이, 니 하오. 쩌리 스 따한 꽁스
Wèi, nǐ hǎo! Zhèli shì Dàhán gōngsī

안녕하세요, 이국장님 계십니까?

你好，李局长在吗？ 니 하오, 리 쥐짱 짜이 마
Nǐ hǎo, Lǐ júzhǎng zài ma

지금 회의 중인데요. 무슨 일 있습니까?

他正在开会呢! 타 쩡짜이 카이훼이 너
Tā zhèngzài kāihuì ne

找他有事吗？ 쟈오 타 요우 스 마
Zhǎo tā yǒu shì ma

번거롭겠지만 한국무역회사에서 전화 왔었다고 전해주세요.

麻烦你转告他韩国贸易公司来过电话。
Máfan nǐ zhuǎngào tā Hánguó màoyì gōngsī láiguo diànhuà
마판 니 쥬안까오 타 한구어 마오이 꽁스 라이꾸어 띠앤화

알겠습니다. 또 다른 일 있습니까?

知道了，还有别的事吗？ 즈따오 러, 하이 요우 비에더 스 마
Zhīdao le, hái yǒu biéde shì ma

없습니다. 감사합니다.

没了，谢谢! 메이 러, 시에시에
Méi le, xièxie

★ 喂

여보세요

전화를 할 때 사용하는 **여보세요**라는 말이다. 여기서 주의할 점은 喂가 표기는 4성이지만 전화할 때는 2성 wéi로 읽어야 한다. 4성 喂 wèi 는 다른 사람을 부를 때 쓰는 **저기요!**의 뜻이 된다.

웨이, 스 시야오왕 지아 마
喂，是小王家吗？
Wèi, shì Xiǎowáng jiā ma

여보세요, 시야오왕 집인가요?

웨이, 니 깐마 너
喂，你干嘛呢？
Wèi, nǐ gànmá ne

저기요, 지금 뭐하세요?

★ 在와 有

~있다

우리말로 모두 **있다**라는 뜻이다. 하지만 在 zài 는 존재의 뜻을 나타내는 ~에 있다의 의미를 나타내고 有 yǒu 는 소유의 뜻을 나타내는 ~이 있다의 의미이다. 부정을 나타낼 때는 在는 不在 búzài ~에 없다가 되고, 有의 부정형은 没有 méiyǒu ~이 없다가 된다.

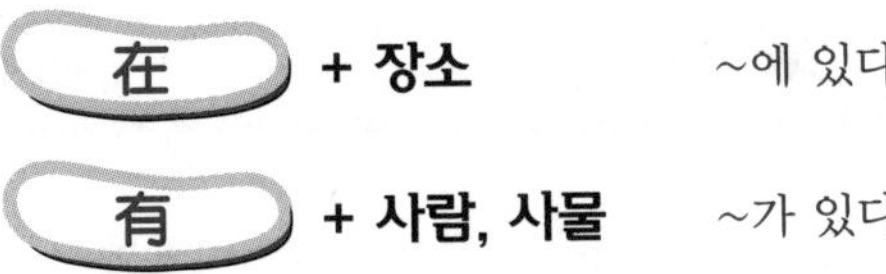

띠디 짜이 지아 마
弟弟在家吗? ⇨ 부짜이 **不在。** 남동생 집에 있어요? ⇨ 없어요.
Dìdi zài jiā ma   Búzài

니 요우 치앤 마
你有钱吗? ⇨ 메이요우 **没有。** 당신 돈 있어요? ⇨ 없어요.
Nǐ yǒu qián ma   Méiyǒu

★ 正在 ~ 呢
지금 ~하고 있다

지금 ~하고 있는 중이다라는 뜻으로 현재 진행 중인 동작이 계속 지속됨을 나타낸다. 경우에 따라서 正 zhèng 을 생략해서 在 ~ 呢 zài ~ ne 라고 표현할 수도 있다.

메이메이 쩡짜이 상커 너
妹妹正在上课呢。   여동생은 지금 수업 중입니다.
Mèimei zhèngzài shàngkè ne

빠바 짜이 칸 빠오즈 너
爸爸在看报纸呢。   아버지는 신문 보고 있어요.
Bàba zài kàn bàozhǐ ne

※ 上课 shàngkè 수업하다   报纸 bàozhǐ 신문

★ 从~来
~에서/~로 부터 왔다

从~来 cóng~lái 는 가운데 장소가 붙어서 ~에서/~로 부터 왔다 라는 뜻을 나타낸다. 来 lái 뒤에 的 de 를 붙여서 ~에서 온 것이 다라고 표현할 수도 있다.

충 메이구어 라이 더

예) **从美国来的。** 미국에서 왔습니다.
Cóng Měiguó lái de

니 충 나알 라이

你从哪儿来? 어디에서 옵니까?
Nǐ cóng nǎr lái

워 충 쉬에시야오 라이

⇨ **我从学校来。** ⇨ 학교에서 옵니다.
Wǒ cóng xúexiào lái

※ 学校 xúexiào 학교

★ 过

~한 적이 있다

过 guo 는 ~**한 적이 있다**라는 뜻으로 주로 동사 뒤에 쓰여 과거에 경험했던 일이나 행동을 나타낸다. ~**한 적이 없다**라고 표현할 때는 앞에 不가 아니라 과거형 부정을 나타내는 没를 써서 没~过 méi~guo 라고 해야 한다. 过는 문장에서 읽을 때 경성으로 읽는다.

워 취 구어 베이징

예 我去过北京。　　　　　　저는 베이징에 가본 적이 있습니다.
Wǒ qù guo Běijīng

니 츠 구어 쫑구어 랴오리 마

你吃过中国料理吗?　중국요리 먹어 본 적 있습니까?
Nǐ chī guo Zhōngguó liàolǐ ma

메이 츠 구어

⇨ 没吃过。　　　　　　⇨ 먹어 본 적이 없습니다.
Méi chī guo

단어 바꿔 말하기

 **응용1**

저는 한국에서 왔습니다.

워 총 한구어 라이 더
我从韩国来的。
Wǒ cóng Hánguó lái de

1 베이징	2 집	3 교실
베이징	지아리	찌야오스
北京	**家里**	**教室**
Běijīng	jiāli	jiàoshì

 **응용2**

그는 지금 TV보고 있습니다.

타 쩡짜이 칸 띠앤스너
他正在看电视呢!
Tā zhèngzài kàn diànshì ne

1 전화하다	2 게임하다	3 공부하다
다 띠앤화	완 요우시	쉬에시
打电话	**玩游戏**	**学习**
dǎ diànhuà	wán yóuxì	xuéxí

비과스 띠앤스
벽걸이 TV 壁挂式电视
bìguàshì diànshì

띠앤판구어
전기밥솥 电饭锅
diànfànguō

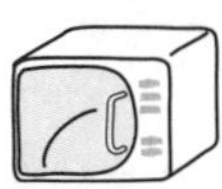

웨이보루
전자레인지 微波炉
wēibōlú

메이치짜오
가스레인지 煤气灶
méiqìzào

띠앤카오시양
전기오븐 电考箱
diànkǎoxiāng

비지번띠앤나오
노트북 笔记本电脑
bǐjìběndiànnǎo

띠앤나오
컴퓨터 电脑
diànnǎo

콩티야오
에어컨 空调
kōngtiáo

띠앤펑샨
선풍기 电风扇
diànfēngshàn

시쳔치
청소기 吸尘器
xīchénqì

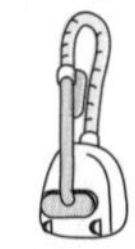

루시양지
비디오 录像机
lùxiàngjī

윈또우
다리미 熨斗
yùndǒu

삥시양
냉장고 冰箱
bīngxiāng

시이지
세탁기 洗衣机
xǐyījī

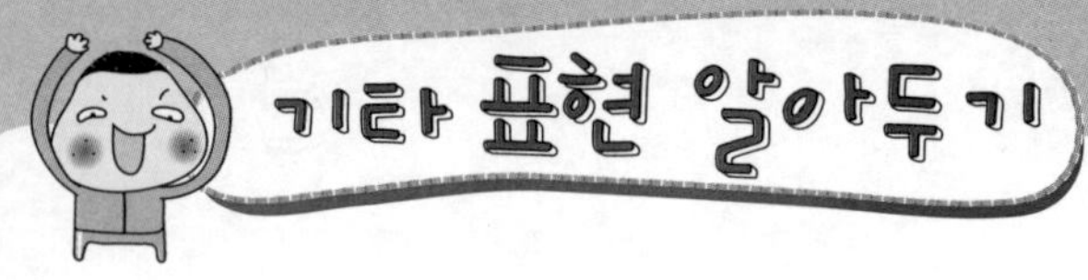

전화

여보세요, 누구를 찾으세요?
웨이, 닌 쟈오 셰이
喂, 您找谁?
Wèi, nín zhǎo shéi

⇒ 실례합니다만,
이주임 좀 부탁합니다.
마판 닌, 쟈오 이시아 리 주런
麻烦您, 找一下李主任。
Máfan nín, zhǎo yíxià Lǐ zhǔrèn

◑ **麻烦您** máfan nín 은 **당신을 번거롭게 한다**라는 뜻으로
상대방에게 최대한 예의를 지키면서 겸손하게 부탁할 때 쓰이는 표현이다.

누구십니까?
닌 스 나 웨이
您是哪位?
Nín shì nǎ wèi

⇒ 그의 부인입니다.
워 스 타 아이런
我是他爱人。
Wǒ shì tā àirén

◑ **爱人** àirén 은 애인이 아니라 **부인** 혹은 **남편**을 말한다.

제게 전화 달라고
그에게 전해 주십시오.
칭 쥬안까오 타 게이 워 라이 거 띠앤화
请转告他给我来个电话。
Qǐng zhuǎngào tā gěi wǒ lái ge diànhuà

전화 잘못 거셨어요.
니 다 추어 러
你打错了。
Nǐ dǎ cuò le

◑ **打** dǎ 는 동사 **걸다**라는 뜻이다.
이 문장에서는 **电话** diànhuà **전화**를 생략한 것이다.

왕 사장님 전화에요.

왕 종, 닌 더 띠앤화
王总，您的电话。
Wáng zǒng, nín de diànhuà

✿ 중국에서는 **사장님**을 **总经理** zǒngjīnglǐ 라고 부르는데
보통 사장님의 성씨 뒤에 **总**만 붙여서 ~**总**이라고 부른다.

시야오진, 전화 받아요.

시야오진, 찌에 띠앤화
小金，接电话。
Xiǎojīn, jiē diànhuà

✿ 일반적으로 상대방을 부를 때 성씨 앞에 **小** xiǎo 나 **老** lǎo 를 붙혀 부른다.
나이가 적으면 **小**, 나이가 많으면 **老**를 붙인다.

그의 핸드폰은
연결이 안 됩니다.

타 더 쇼우지 따 부 통
他的手机打不通。
Tā de shǒujī dǎ bu tōng

당신이 거신 전화는
없는 번호입니다.

닌 뽀어다 더 띠앤화 쓰 콩하오
您拨打的电话是空号。
Nín bōdǎ de diànhuà shì kōnghào

죄송합니다. 통화중입니다.

뛔이부치, 용 후 쩡 망
对不起，用户正忙。
Duìbuqǐ, yòng hù zhèng máng

✿ 이 문장은 핸드폰에 저장된 음성 안내 메시지입니다.
상대방이 통화중일 때 **사용자가 바쁩니다**라고 안내한다.

이 과에서는 아플 때 사용하는 표현들을 배워보자.
몸이 아프다고 말할 때는 보통 **身体不舒服。** 션티 뿌슈푸
라고 말하고 신체 특정부위가 아플 때는 **신체부위 + 疼**
텅 이라는 표현을 쓴다.

새로운 단어

- **脸色** liǎnsè 안색, 기색
- **好像** hǎoxiàng ~인 것 같다
- **天气** tiānqì 날씨
- **忽冷忽热** hū lěng hū rè 날씨가 변덕스럽다
- **穿** chuān 입다
- **发烧** fāshāo 열이 나다
- **睡觉** shuìjiào 잠자다
- **医院** yīyuàn 병원

- **舒服** shūfu 편하다
- **感冒** gǎnmào 감기
- **衣服** yīfu 옷
- **咳嗽** késou 기침하다
- **得** děi ~해야 한다
- **药** yào 약

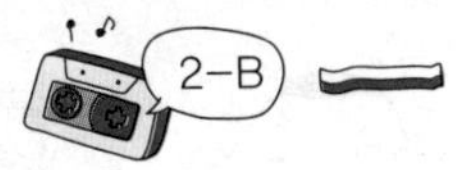

안색이 안 좋아 보이네요, 어디 불편하세요?

你脸色不太好，哪儿不舒服？
Nǐ liǎnsè bú tài hǎo, nǎr bù shūfu
니 리앤써 부 타이 하오, 나알 뿌 슈푸

감기에 걸린 것 같아요.

好象是感冒了。 하오시양 스 간마오 러
Hǎoxiàng shì gǎnmào le

요 며칠 날씨가 변덕스러워서 옷을 좀 많이 입어야 해요.

这几天天气忽冷忽热，要多穿点儿衣服。
Zhè jǐtiān tiānqì hū lěng hū rè, yào duō chuān diǎnr yīfu
쩌 지티앤 티앤치 후 렁 후 러, 야오 뚜어 츄안 디얼 이푸

어제 저녁에 열도 나고 기침도 나고 저녁 내내 잠을 못 잤어요.

昨晚又发烧又咳嗽，一晚上都没睡好觉。
Zuówǎn yòu fāshāo yòu késou, yì wǎnshang dōu méi shuìhǎojiào
주어완 요우 파샤오 요우 커쏘우, 이 완상 또우 메이 쉐이 하오 지야오

그럼, 병원에 가봐야겠어요.

那得去医院看看啊。 나 데이 취 이위앤 칸칸 아
Nà děi qù yīyuàn kànkan a

그냥 감기일 뿐인데요 뭐, 약 먹으면 돼요.

只是感冒而已，吃药就行了。
Zhǐshì gǎnmào éryǐ, chī yào jiù xíng le
즈스 깐마오 얼이, 츠 야오 찌요우 싱 러

★ 哪儿不舒服? 어디가 불편하십니까?

여기서 舒服 shūfu 는 원래 시원하다, 편하다라는 뜻인데 앞에
不를 써서 不舒服 bù shūfu 라고 하면 **편하지 않다, 불편하다**
라는 의미로 즉, 몸이 아프다는 표현이 된다.

니 나알 뿌 슈푸
예) 你哪儿不舒服?　어디가 불편하십니까?
Nǐ nǎr bù shūfu

워 뚜즈 텅
⇨ **我肚子疼。**　⇨ 배가 아파요.
Wǒ dùzi téng

쩌 샤파 쩐 슈푸
这沙发真舒服。　이 소파는 정말 편해요.
Zhè shāfā zhēn shūfu

※ 沙发 shāfā 소파

★ 好象 ~인 것 같다

~인 것 같다라는 뜻으로 어떤 상황에 대해 추측을 나타낼 때
쓰는데 보통 문장 맨 앞에 쓰는 경우가 많다.

하오시양 야오 시아위
好象要下雨。
Hǎoxiàng yào xiàyǔ

비가 내릴 것 같아요.

타 하오시양 쉐이 러
他好象睡了。
Tā hǎoxiàng shuì le

그는 자는 것 같아요.

시간을 나타내는 晚上 wǎnshang 저녁, 下午 xiàwǔ 오후 등 명사 앞에 一 yì 를 덧붙이면 저녁 내내, 오후 내내라는 뜻이 된다.

이 쩡티앤 또우 짜이 지아
一整天都在家。
Yì zhěngtiān dōu zài jiā

하루 종일 집에 있어요.

쉬에시 러 이 샹우
学习了一上午。
Xuéxí le yí shàngwǔ

오전 내내 공부했어요.

※ **整天** zhěngtiān 하루종일

★ 得
~해야 한다

~해야 한다라는 뜻의 조동사이다. 부정형은 不用 búyòng ~할 필요가 없다를 쓰며, 동사 앞에 위치한다.

와이미앤 시아위, 워 데이 훼이지아 나 위싼

外面下雨, 我得回家拿雨伞。
Wàimiàn xiàyǔ, wǒ děi huíjiā ná yǔsǎn
밖에 비가 내려서, 집에 가서 우산을 들고 와야겠어요.

뿌용 러, 워 쩌얼 요우

⇨ 不用了, 我这儿有。
Búyòng le, wǒ zhèr yǒu
⇨ 그럴 필요 없어요. 저한테 있어요.

※ 拿 ná (손으로)잡다, 가지다　　雨伞 yǔsǎn 우산

그냥 ~일 뿐이다라는 뜻으로 어떤 상황에 대해 별로 예사롭지
않게 여기는 표현을 할 때 쓰인다.

즈스 칸칸 얼이
예 只是看看而已。　　　그냥 본 것뿐입니다.
Zhǐshì kànkan éryǐ

즈스 원원 얼이
只是问问而已。　　　그냥 물어 본 것뿐입니다.
Zhǐshì wènwen éryǐ

※ 问 wèn 묻다

단어 바꿔 말하기

응용1

어디가 불편합니까?

니 나알　뿌 슈푸
你哪儿不舒服?
Nǐ　nǎr　bù shūfu

⇒ 머리가 아픕니다.

토우텅
头疼。
Tóu téng

1 눈
이앤징
眼睛
Yǎnjīng

2 이빨
야
牙
Yá

3 목
쌍즈
嗓子
Sǎngzi

응용2

약 먹으면 **됩니다.**

츠 야오 찌요우 싱 러
吃药就行了。
Chī yào jiù xíng le

1 내가 가다
워 취
我去
Wǒ qù

2 나에게 주다
게이 워
给我
Gěi wǒ

3 주사 맞다
다쩐
打针
Dǎzhēn

토우텅
두통　头疼
tóu téng

리요우삐티
콧물나다　流鼻涕
liúbítì

탕샹
화상　烫伤
tàngshāng

뚜즈 텅
복통　肚子疼
dùzi téng

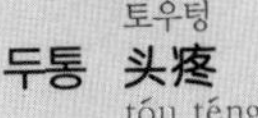

커소우
기침하다　咳嗽
késou

쌍즈 텅
목이 아프다　嗓子疼
sǎngzi téng

파샤오
열이 나다　发烧
fāshāo

라뚜
설사하다　拉肚
lādù

쑤안통
쑤시다　酸痛
suāntòng

파양
간지럽다　发痒
fāyǎng

페이띠앤
사스　非典
fēidiǎn

토우윈
어지럽다　头晕
tóuyūn

구어민
알레르기　过敏
guòmǐn

으어신
메스껍다　恶心
èxīn

페이이앤
폐렴　肺炎
fèiyán

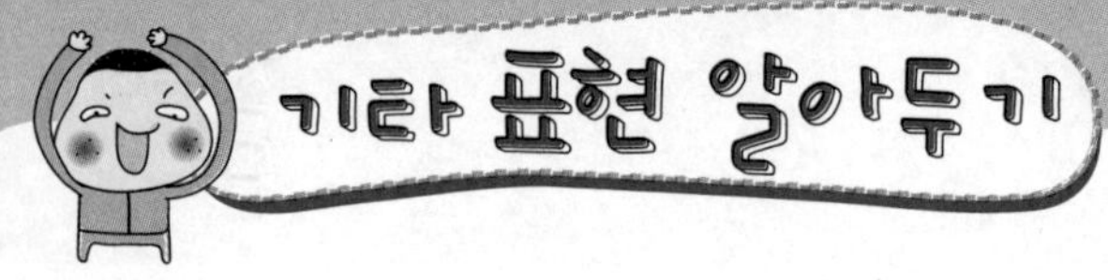

아플 때

저 몸이 좀 아파요.

워 요우디얼 난쇼우
我有点儿难受。
Wǒ yǒudiǎnr nánshòu

당신 왜 그래요?

니 쩐머 러
你怎么了?
Nǐ zěnme le

뭘 잘못 먹은 것 같아요.
계속 메스꺼워요.

하오시양 츠 화이 러 똥시, 종 으어씬
好象吃坏了东西, 总恶心。
Hǎoxiàng chī huài le dōngxi, zǒng ěxīn

저 배탈 났어요.

워 라 뚜 러
我拉肚了。
Wǒ lā dù le

✎ 拉 lā 는 동사 **싸다**라는 뜻이고 肚 dù 는 명사 **배**라는 뜻이다.
이 두 단어가 합쳐져서 **배탈 나다**라는 뜻이 된다.

많이 아프나요?

텅 더 리하이 마
疼得厉害吗?
Téng de lìhai ma

언제부터 아프기 시작했죠?

션머 스호우 카이스 텅 더
什么时候开始疼的?
Shénme shíhou kāishǐ téng de

의사선생님, 심한가요?

따이푸, 이앤쭝 마
大夫, 严重吗?
Dàifu, yánzhòng ma

➡ 괜찮아요. 푹 쉬면 돼요.

부야오진, 하오할 시요우시 찌요우 싱
不要紧, 好好儿休息就行。
Búyàojǐn, hǎohāor xiūxi jiù xíng

게이 니 카이 량 티앤 더 야오
이틀치 약을 드릴게요.　　**给你开两天的药。**
Gěi nǐ kāi liǎng tiān de yào

✿ 동사 **开** kāi 는 **열다, 끓다** 등 여러 가지 뜻을 갖고 있는데
여기서는 **(처방전을) 쓰다**라는 뜻이다.

시앤 취 화지아, 찌야오콴, 란호우 취 취 야오
먼저 가격을 정산하고
돈을 낸 후, 약을 타가세요.　　**先去划价, 交款, 然后去取药。**
Xiān qù huàjià, jiāokuǎn, ránhòu qù qǔ yào

✿ 중국에서는 병원에서 받은 처방전을 갖고 약국에 따로 가서 약을 사는 것이 아니라
병원내의 약 창구에서 약을 받는다.

취 이위앤 하오할 지앤챠 이시아 바
병원 가서 잘 검사해 보세요.　**去医院好好儿检查一下吧。**
Qù yīyuàn hǎohāor jiǎnchá yíxià ba

데이 시앤 따오 먼전뿌 꽈하오,
먼저 외래 진료부에 가서
접수한 후에 진료 받으세요.　**得先到门诊部挂号,**
Děi xiān dào ménzhěnbù guàhào,

란호우 찌에쇼우 쩐뚜안
然后接受诊断。
ránhòu jiēshòu zhěnduàn

✿ **先** xiān 은 **먼저**, **然后** ránhòu 는 **~하고 나서**라는 뜻으로 일반적으로 함께 쓰인다.

션티 쩐머양
몸은 어떠세요?　　**身体怎么样?**
Shēntǐ zěnmeyàng

삥 하오 러
⇨ 다 나았어요.　　**病好了。**
Bìng hǎo le

✿ **好了** hǎo le 는 원래 **됐다**라는 뜻인데 여기서는 **다 나았다**라는 뜻을 나타낸다.

15

对不起，睡懒觉了。

죄송합니다, 늦잠을 잤어요.

이번 과에서는 약속 시간에 늦었거나 지각했을 때 사용되는 표현을 배워보자.

늦었을 때는 **迟到了**。츠따오 러 **늦었습니다**, 상대방에게 사과할 때는 **不好意思, 让你久等了**。뿌하오이쓰, 랑 니 지요 우 덩 러 **죄송합니다, 오래 기다리게 했군요**라는 표현을 쓸 수 있다.

새로운 단어

- 快 kuài 빨리
- 点 diǎn ~시
- 又 yòu 또
- 对不起 duìbuqǐ 죄송합니다
- 为了 wèile ~을 위하여
- 开夜车 kāi yèchē 밤새우다
- 起床 qǐchuáng 일어나다, 기상
- 完 wán 끝나다
- 迟到 chídào 지각(하다)
- 睡懒觉 shuì lǎnjiào 늦잠 자다
- 考试 kǎoshì 시험

어서 일어나세요.

快起床啦~ 콰이 치츄앙 라
Kuài qǐchuáng la

몇 시에요?

几点了? 지 디앤러
Jǐ diǎn le

벌써 9시가 다 됐어요.

都快九点了。 또우 콰이 지요우 디앤 러
Dōu kuài jiǔ diǎn le

큰일 났네요, 또 지각하게 생겼어요.

完了，又要迟到了。 완 러, 요우 야우 츠따오 러
Wán le, yòu yào chídào le

◇◇◇◇◇◇◇◇◇◇

왜 또 늦었어요?

怎么又迟到了? 쩐머 요우 츠따오 러
Zěnme yòu chídào le

죄송합니다. 늦잠을 잤어요. 시험을 위해서 밤을 새웠거든요.

对不起，睡懒觉了。 뒈이부치, 쉐이 란지야오 러
Duìbuqǐ, shuì lǎnjiào le

为了考试，开夜车了呗! 웨이러 카오스, 카이 예쳐 러 베이
Wèile kǎoshì, kāi yèchē le bei

POINT & 해설

★ 啦와 呗

모두 어기 조사인데 啦 la 는 吧 ba 와 같이 상대방에게 명령하거나 권유할 때 쓰이고, 呗 bei 는 행동이나 결정이 서로에게 상관없이 진행될 때 쓰이는 어기 조사이다.

콰이 츠판 라
快吃饭啦!　　　　　　　　빨리 밥 먹자.
kuài chīfàn la

워 헌 시양 취
我很想去。　　　　　　　　나는 가고 싶은데...
Wǒ hěn xiǎng qù

나 찌요우 취 베이
⇨ **那就去呗!**　　　　　　　⇨ 그러면 가면 되지.
Nà jiù qù bei

★ 시간을 나타내는 방법

시간은 일반적으로 时 shí 시, 分 fēn 분, 秒 miǎo 초로 표시하는데 회화에서는 时를 点 diǎn 으로 표현한다. 그리고 시간을 나타낼 때 时는 小时 xiǎoshí, 分은 分钟 fēnzhōng 으로 표현하며 회화에서는 分을 생략하기도 한다.

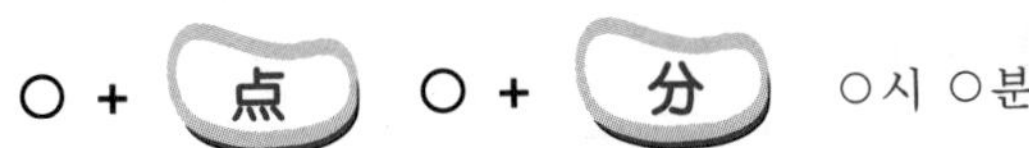

시간 말하기

이 디앤 링 우 펀 **一点零五分**　1시 5분 yī diǎn líng wǔ fēn	쓰 디앤 쓰스 우 **四点四十五**　4시 45분 sì diǎn sìshí wǔ
량 디앤 스우 펀 **两点十五分**　2시 15분 liǎng diǎn shíwǔ fēn	쓰 디앤 싼 커 **四点三刻** sì diǎn sān kè
량 디앤 이 커 **两点一刻** liǎng diǎn yí kè	챠 이 커 우 디앤 **差一刻五点** chà yí kè wǔ diǎn
싼 디앤 빤 **三点半**　3시 30분 sān diǎn bàn	챠 우 펀 리요우 디앤 **差五分六点**　5시 55분 chà wǔ fēn liù diǎn

- 가운데 0이 들어가면 零 líng 이라고 읽어준다.
- 15분은 一刻 yí kè, 45분은 三刻 sān kè, 30분은 半 bàn
- 差 chà 는 부족하다, 모자라다 즉, ~분 전이라는 뜻

덩 러 싼스 펀쭝
예 等了三十分钟。　30분이나 기다렸어요.
Děng le sānshí fēnzhōng

쉐이 러 량 거 시야오스
睡了两个小时。　2시간 동안 잤어요.
Shuì le liǎng ge xiǎoshí

⑮ **对不起，睡懒觉了。** 죄송합니다, 늦잠을 잤어요.　**189**

★ 快~了
곧 ~할 것이다

곧 ~할 것이다라는 뜻으로 상태나 상황의 변화를 나타낸다.

시아티앤 콰이 따오 러
예 夏天快到了。
Xiàtiān kuài dào le
곧 여름이 된다.

후어쳐 콰이 카이 러
火车快开了。
Huǒchē kuài kāi le
기차가 곧 출발한다.

※ 夏天 xiàtiān 여름　开 kāi 운전하다

★ 完了
큰일 났다

일반적으로 동사 뒤에 쓰여 동작의 완료를 나타낸다. 하지만 단독으로 쓰일 때는 **끝장이다, 큰일 났다**라는 의미이다. 어감을 강조하기 위해 完了完了와 같이 반복해서 말하기도 한다.

쭈어예 시에 완 러
예 作业写完了。
Zuòyè xiě wán le
숙제 다 했어요.

완 러, 워 더 치앤빠오 메이 러
完了，我的钱包没了。 큰일 났네, 지갑이 없어졌어.
Wán le, wǒ de qiánbāo méi le

※ 作业 zuòyè 숙제　写 xiě 쓰다

★ 开夜车

밤을 새우다

원래 밤 운전하다라는 뜻인데 일반적으로 **밤을 새우다**라고 말할 때 이 표현을 쓴다. 이 밖에 **熬夜** áoyè 라는 말도 쓴다.

카이 예쳐 쩐 난쇼우 아
开夜车真难受啊!   밤새는 거 정말 괴롭네요.
Kāi yèchē zhēn nánshòu a

쭈어티앤 아오예 칸 시야오슈오 러
昨天熬夜看小说了。   어제 밤새워서 소설책을 봤어요.
Zuótiān áoyè kàn xiǎoshuō le

※ **难受** nánshòu 괴롭다   **小说** xiǎoshuō 소설

★ 사과 할 때 쓰는 표현

뛔이부치
对不起。 미안합니다.
Duìbuqǐ

뿌 하오 이쓰
不好意思。 죄송합니다.
Bù hǎo yìsi

칭 위앤량
请原谅。 양해해 주십시오.
Qǐng yuánliàng

헌 빠오치앤
很抱歉。 대단히 죄송합니다.
Hěn bàoqiàn

사과에 대한 대답으로는 **没关系** méi guānxi , **没事儿** méishìr 괜찮습니다 등이 있다.

⑮ **对不起, 睡懒觉了。** 죄송합니다, 늦잠을 잤어요.   **191**

단어 바꿔 말하기

 응용1

곧 10시 입니다.

콰이 스 디앤러
快十点了。
Kuài shí diǎn le

1 개학
카이쉬에
开学
kāixué

2 방학
팡지아
放假
fàngjià

3 역에 도착하다
따오 짠
到站
dào zhàn

 응용2

왜 또 늦었어요?

쩐머 요우 라이 완 러
怎么又来晚了?
Zěnme yòu lái wǎn le

⇒ 미안해요, 길이 막혀서...

뛔이부치, 루 샹 두쳐
对不起，路上堵车。
Duìbuqǐ, lù shang dǔchē

1 죄송해요, 늦잠 자서...

뿌 하오 이쓰, 쉐이 꾸어토우 러
不好意思，睡过头了。
Bù hǎo yìsi, shuì guòtóu le

2 양해해 주세요, 다음부터는 꼭 주의할게요.

칭 위앤량, 시아츠 이띵 쭈이
请原谅，下次一定注意。 Qǐng yuánliang, xiàcì yídìng zhùyì

 응기로 배우는 **중국어 회화**

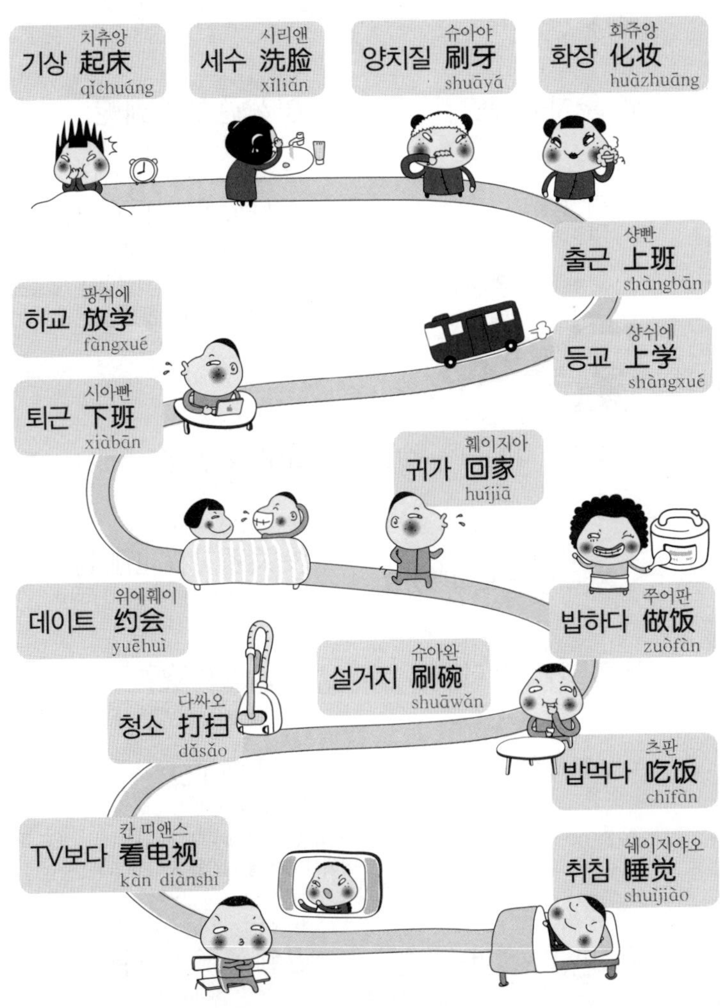

⑮ 对不起，睡懒觉了。 죄송합니다, 늦잠을 잤어요.

사과

	쩐머 종스 츠따오 너
왜 늘 지각이야.	**怎么总是迟到呢!** Zěnme zǒngshì chídào ne

	뿌 하오 이쓰, 시아 부 웨이 리
⇒ 미안해, 다음부터는 늦지 않을게.	**不好意思，下不为例。** Bù hǎo yìsi, xià bu wéi lì

　↳ **下不为例** xià bu wéi lì 는 다음에는 이런 예가 없을 것이다라는 뜻으로
　앞으로 더는 이와 같은 잘못을 하지 않겠다라는 말이다.

	랑 니 지요우 덩 러
너무 오래 기다리게 했네요.	**让你久等了。** Ràng nǐ jiǔ děng le

	메이 꽌씨, 워 예 깡 따오
⇒ 괜찮아요, 저도 방금 도착했어요.	**没关系，我也刚到。** Méi guānxi, wǒ yě gāng dào

	쩐머 쩌머 완
왜 이렇게 늦었어요?	**怎么这么晚?** Zěnme zhème wǎn

	쉐이 꾸어토우 러
⇒ 늦잠 잤어요.	**睡过头了。** Shuì guòtóu le

　↳ **过头** guòtóu 는 정도나 표준을 넘다, 초과하다, 지나치다라는 뜻으로
　잠에서 깨어날 시간을 지나쳤다라는 뜻이다.

	츠따오 러 싼스 펀중
30분이나 늦었어.	**迟到了三十分钟。** Chídào le sānshí fēnzhōng

죄송해요, 제가 늦었어요.

뛔이부치, 워 라이 완 러
对不起，我来晚了。
Duìbuqǐ, wǒ lái wǎn le

왜 이제야 와요?

니 쩐머 차이 라이
你怎么才来？
Nǐ zěnme cái lái

⇨ 길이 막혀서요.

루샹 두쳐
路上堵车。
Lùshang dǔchē

당신을 한 시간 동안
기다렸어요.

워 덩 러 니 이 거 쫑토우
我等了你一个钟头。
Wǒ děng le nǐ yí ge zhōngtou

↳ 钟头 zhōngtou 는 **시간**이라는 뜻으로 小时 xiǎoshí 과 같은 의미를 나타낸다.
수량을 나타내는 단어 뒤에 쓰여 ~시간 동안이라는 뜻을 나타낸다.

시간 말하기

4시 5분입니다.

쓰 디앤 꾸어 우 펀
四点过五分。
Sì diǎn guò wǔ fēn

↳ 过 guò 는 **지나가다**라는 뜻이다.

5분전 6시입니다.

챠 우 펀 리요우 디앤
差五分六点。
Chà wǔ fēn liù diǎn

몇 시에 도착했어요?

니 지 디앤 따오 더
你几点到的？
Nǐ jǐ diǎn dào de

치 디앤 이 커
七点一刻。
Qī diǎn yí kè

⇨ 7시 15분이요.

16

该减肥了。

다이어트해야 해요.

이번 과에서는 일상적인 생활에서 사용하는 표현들을
배워보자.
太胖了。 타이 팡 러 너무 **뚱뚱해요, 我要减肥。** 워 야오 지앤
페이 **다이어트 해야겠어요**와 같은 요즘 사람들의 관심이
집중되고 있는 다이어트에 관한 표현들을 알아보자.

새로운 단어

- 上街 shàngjiē 쇼핑하다
- 打击 dǎjī 타격, 충격
- 因为 yīnwèi ~때문에
- 火上加油 huǒ shàng jiāyóu 불난 집에 부채질하다
- 进去 jìnqu 들어가다
- 告诉 gàosu 알려주다
- 方法 fāngfǎ 방법
- 少 shǎo 적다
- 运动 yùndòng 운동하다
- 受 shòu 받다, 당하다
- 为什么 wèi shénme 왜
- 胖 pàng 뚱뚱하다
- 减肥 jiǎnféi 다이어트
- 有效 yǒuxiào 효과 있다
- 简单 jiǎndān 간단하다
- 多 duō 많다

어제 옷 사러 갔다가 충격 받았어.

昨天上街买衣服，受了打击。
Zuótiān shàngjiē mǎi yīfu, shòu le dǎjī
주어티앤 상지에 마이 이푸, 쇼우 러 다지

왜? 옷이 너무 비싸서?

为什么？ 衣服太贵了？ 웨이 션머? 이푸 타이 꿰이 러
Wèi shénme? Yīfu tài guì le

아, 너무 뚱뚱해서 입을 수가 없었구나.

啊，因为太胖穿不进去。 아, 인웨이 타이 팡 츄안 부 진취
Ā, yīnwèi tài pàng chuān bu jìnqu

불난 집에 부채질 하지 마.

别火上加油了。 비에 후어 샹 지아요우 러
Bié huǒ shàng jiāyóu le

너 정말 다이어트 해야 해.

你真该减肥了。 니 쩐 가이 지앤페이 러
Nǐ zhēn gāi jiǎnféi le

좋은 다이어트방법 있으면 알려줘.

告诉我有效的减肥方法，好吗？
Gàosu wǒ yǒuxiào de jiǎnféi fāngfǎ, hǎo ma
까오쑤 워 요우시야오 더 지앤페이 팡파, 하오 마

간단해. 적게 먹고 운동 많이 하면 돼.

很简单，少吃多运动。 헌 지앤딴, 샤오 츠 뚜어 윈똥
Hěn jiǎndān, shǎo chī duō yùndòng

★ 为什么

왜, 무엇 때문에

왜, 무엇 때문에라는 뜻으로 원인, 이유를 묻는 의문사이다.

니 웨이 션머 뿌 츠
예 你为什么不吃?　　　　　　왜 안 먹습니까?
Nǐ wèi shénme bù chī

워 야오 조우 러　　　　웨이 션머
我要走了。 ⇨ 为什么?　　저는 가야겠습니다. ⇨ 왜요?
Wǒ yào zǒu le　　　Wèi shénme

★ 因为

왜냐하면, ~때문에

因为 yīnwèi 는 원인이나 이유를 설명할 때 쓰는데, 뒤에 결과를 설명하는 所以 suǒyi 가 따라 온다. 하지만 앞에서 이미 결과가 밝혀졌을 경우에는 所以를 생략하기도 한다.

인웨이 타이 뚜어, 쑤어이 츠부랴오 러
예 因为太多, 所以吃不了。　너무 많아서 다 못 먹겠습니다.
Yīnwèi tài duō, suǒyǐ chībuliǎo le

웨이 션머 뿌 츠
为什么不吃?　　　　　　왜 안 먹습니까?
Wèi shénme bù chī

인웨이 부 하오츠
⇨ 因为不好吃。　　　　⇨ 맛이 없어서요.
Yīnwèi bù hǎochī

★ 穿不进去

입을 수가 없다

입어서 들어가지 않는다, 즉 **입을 수가 없다**라는 말이다.
여기서 进去 jìnqu 는 동사 穿 chuān 뒤에서 보조적인 역할을 해
주는 방향보어이다. 이외에도 下去 xiàqu, 上去 shàngqu, 过去
guòqu 등이 있다.

티야오 시아취
예 跳下去　　　　　　　뛰어 내리다
tiào xiàqu

파오 꾸어취
跑过去　　　　　　　달려가다
pǎo guòqu

★ 好吗?

~하는 게 어때요?, ~하는 게 좋아요?

~**하는 게 어때?, ~하는 게 좋아요?**라는 뜻으로 자신의 의견을
말한 후, 상대방의 동의를 구할 때 쓰는 표현이다.

잔먼 이치 취 바. 하오 마
예 咱们一起去吧! 好吗?　우리 같이 갑시다. 어때요?
Zánmen yìqǐ qù ba. hǎo ma

게이 워 하오 마
给我好吗?　　　　　나 줄래, 응?
Gěi wǒ hǎo ma

단어 바꿔 말하기

비가 와서 안 갑니다.

인웨이 시아위 쑤어이 부 취

因为下雨，所以不去。
Yīnwèi xiàyǔ suǒyǐ bú qù

요우 삥/라이 부 랴오
1 아프다/올 수 없다 　**有病/来不了** yǒu bìng/lái bu liǎo

망/뿌 라이
2 바쁘다/오지 않다 　**忙/不来** máng/bù lái

까오싱/챵꺼
3 기쁘다/노래하다 　**高兴/唱歌** gāoxìng/chànggē

밥 먹을 때가 됐습니다.

가이 츠판 러

该吃饭了。
Gāi chīfàn le

1 공부하다 　　　2 가다 　　　3 잠자다

쉬에시 　　　　　조우 　　　　　쉐이
学习 　　　　**走** 　　　　　**睡**
xuéxí 　　　　　zǒu 　　　　　shuì

패스트 푸드 & 음료

프라이드 치킨 — 炸鸡块 쟈지콰이 *zhájīkuài*

샌드위치 — 三明治 싼밍즈 *sānmíngzhì*

애플파이 — 苹果派 핑구어파이 *píngguǒpài*

감자튀김 — 薯条 슈티야오 *shǔtiáo*

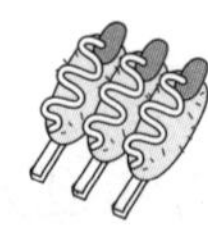

핫도그 — 热狗 러꼬우 *règǒu*

샐러드 — 沙拉 샤라 *shālā*

커피 — 咖啡 카페이 *kāfēi*

녹차 — 绿茶 뤼챠 *lǜchá*

홍차 — 红茶 홍챠 *hóngchá*

와인 — 葡萄酒 푸타오지요우 *pútaojiǔ*

아이스크림 — 冰淇淋 삥치린 *bīngqílín*

우유 — 牛奶 니유나이 *niúnǎi*

콜라 — 可乐 커러 *kělè*

사이다 — 汽水 치쉐이 *qìshuǐ*

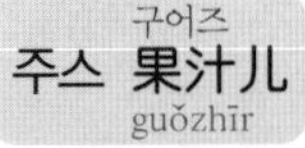

주스 — 果汁儿 구어즈 *guǒzhīr*

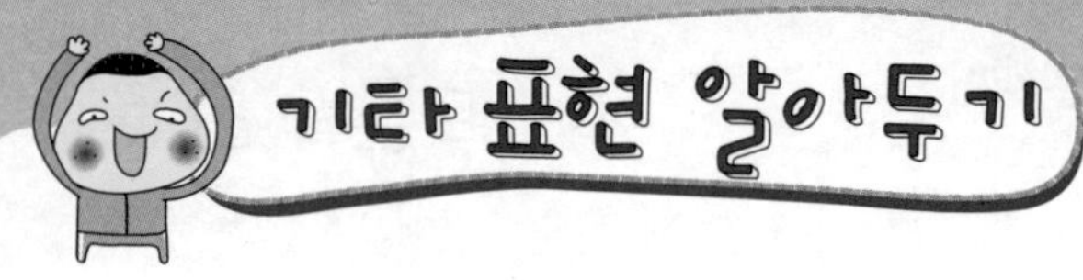

다이어트

체중이 얼마에요?

니 더 티쫑 스 뚜어샤오
你的体重是多少?
Nǐ de tǐzhòng shì duōshao

⇨ 47킬로그램입니다.

쓰스치 꽁진
47公斤。
Sìshí qī gōngjīn

❏ 중국에서는 **킬로그램**을 公斤 gōngjīn 이라고 말한다.

올 여름에 꼭
다이어트 해야겠어요.

찐니앤 시아티앤 워 이띵 야오 지앤페이
今年夏天我一定要减肥。
Jīnnián xiàtiān wǒ yídìng yào jiǎnféi

중국의 다이어트차가
효과가 좋다고 하던데요.

팅슈어 쫑구어 더 지앤페이 차 헌 요우시야오
听说中国的减肥茶很有效。
Tīngshuō Zhōngguó de jiǎnféi chá hěn yǒuxiào

당신 전혀 뚱뚱하지 않아요.
다이어트 안 해도 돼요.

니 이디얼 예 부 팡, 부용 지앤페이
你一点儿也不胖, 不用减肥。
Nǐ yìdiǎnr yě bú pàng, búyòng jiǎnféi

❏ **一点儿也** yìdiǎnr yě 는 **조금도, 전혀**라는 뜻으로 항상 부정문에서 사용된다.

다이어트 하려면 패스트푸드
음식 적게 먹어야 해요.

야오 지엔페이 찌요우 야오 샤오 츠 콰이찬
要减肥, 就要少吃快餐。
Yào jiǎnféi, jiù yào shǎo chī kuàicān

❏ **快餐** kuàicān 은 우리가 흔히 말하는 **패스트푸드**이다.

평소에 신체단련하면
다이어트 할 필요가 없죠.

핑스 뚸어 뚜안리앤 션티 찌요우 부용 지앤페이 러
平时多锻炼身体就不用减肥了。
Píngshí duō duànliàn shēntǐ jiù búyòng jiǎnféi le

다이어트는 꾸준히 계속
하는 게 제일 중요해요.

지앤페이 쮀이 쫑야오 더 찌요우스 지앤츠
减肥最重要的就是坚持。
Jiǎnféi zuì zhòngyào de jiùshì jiānchí

✿ **最** zuì 는 가장, 제일이라는 뜻이다.

날씬해 진 것 같아요.

하오시양 미야오티야오 러
好象苗条了。
Hǎoxiàng miáotiáo le

⇒ 이것이 다이어트의
효과입니다.

찌 스 워 지앤페이 더 시야오구어 아
这是我减肥的效果啊!
Zhè shì wǒ jiǎnféi de xiàoguǒ a

왜 그렇게 적게 먹어요?

니 쩐머 츠 나머 샤오
你怎么吃那么少?
Nǐ zěnme chī nàme shǎo

⇒ 저 다이어트중이에요.

워 쩡짜이 지앤페이 너
我正在减肥呢!
Wǒ zhèngzài jiǎnféi ne

17

毕业等于失业。

졸업이 곧 실업이다.

이번 과에서는 졸업과 취업에 관한 표현들을 배워보자.
毕业等于失业。 비예 덩위 스예 **졸업은 바로 실업이다**, 找
工作太难了。 쟈오 꽁쭈어 타이 난 러 **취업하기 너무 힘들다**
등은 알아두면 유용하게 쓰인다.

새로운 단어

- 终于 zhōngyú 끝내, 드디어
- 应该 yīnggāi 마땅히
- 等于 děngyú ～와 같다
- 找 zhǎo 찾다
- 从 cóng ～부터
- 准备 zhǔnbèi 준비하다
- 可是 kěshì 그러나, 하지만
- 祝 zhù ～하기를 바라다
- 能 néng ～할 수 있다
- 毕业 bìyè 졸업하다
- 祝贺 zhùhè 축하하다
- 失业 shīyè 실업
- 难 nán 어렵다
- 开始 kāishǐ 시작하다
- 就业 jiùyè 취업
- 合适 héshì 적합하다
- 尽快 jǐnkuài 되도록 빨리
- 称心 chènxīn 마음에 들다

드디어 졸업이군요, 축하파티라도 해야죠.

终于毕业了，应该好好儿祝贺一下啊！
Zhōngyú bìyè le, yīnggāi hǎohāor zhùhè yíxià a
쫑위 삐예 러, 잉가이 하오할 쭈허 이시아 아

졸업이 곧 실업인데 축하할게 뭐 있어요.

毕业等于失业，有什么好祝贺的呀！
Bìyè děngyú shīyè, yǒu shénme hǎo zhùhè de ya
삐예 덩위 스예, 요우 션머 하오 쭈허 더 야

하긴 그래요, 요즘은 취직하기가 너무 힘들어요.

那倒是，现在找工作太难了。
Nà dàoshì, xiànzài zhǎo gōngzuò tài nán le
나 따오스, 시앤짜이 쟈오 꽁쭈어 타이 난 러

대학교 3학년부터 취업준비했는데 지금도 마땅한 일을 찾지 못했어요.

我从大三就开始准备就业， 워 총 따싼 찌요우 카이스 준뻬이 찌요우예
Wǒ cóng dà sān jiù kāishǐ zhǔnbèi jiùyè

可是到现在也没找到合适的。 커스 따오 시앤짜이 예 메이 쟈오따오 허스더
kěshì dào xiànzài yě méi zhǎodào héshì de

하루빨리 맘에 드는 일자리를 찾길 바래요.

预祝你尽快能找到称心的工作。
Yù zhù nǐ jǐnkuài néng zhǎodào chènxīn de gōngzuò
위 쭈 니 진콰이 넝 쟈오따오 천씬 더 꽁쭈어

고맙습니다!

谢谢！ 시에시에
Xièxie

POINT & 해설

★ 了의 쓰임

어기조사인데 문장 끝에 쓰여 여러 가지 뜻을 나타낸다. 그 중에서 가장 많이 쓰이는 다음의 두 가지 경우를 기억해 두자.

1 동작의 완료를 나타낸다.

타 조우 러
예) 他走了。　　　　　그는 갔다.
Tā zǒu le

츠판 러
吃饭了。　　　　　밥 먹었다.
Chīfàn le

2 시간, 정도 등의 변화를 나타낸다.

춘티앤 러
예) 春天了。　　　　　봄이 되었다.
Chūntiān le

쉐이 카이 러
水开了。　　　　　물이 끓었다.
Shuǐ kāi le

 으리글로 배우는 중국어 회화

~는 ~와 같다라는 뜻으로 수학에서 [=]부호를 等于 děngyú 라고 읽는다. 참고로 더하기는 加 jiā, 빼기는 减 jiǎn 이다.

깡차이 더 화 덩위 메이 슈어 이양
예 刚才的话等于没说一样。 방금 한 말은 안 한 것과 같다.
Gāngcái de huà děngyú méi shuō yíyàng

싼 지아 우 덩위 빠
三加五等于八。   3 + 5 = 8
Sān jiā wǔ děngyú bā

※ 刚才 gāngcái 방금, 금방

~할 게 뭐 있어요?라는 뜻으로 그럴만한 가치나 필요가 없다는 것을 반문의 형식으로 강조할 때 쓰인다.

요우 션머 하오칸 더
예 有什么好看的。   뭐 볼게 있어요?
Yǒu shénme hǎokàn de

요우 션머 하오시야오 더
有什么好笑的。   뭐가 웃겨요?
Yǒu shénme hǎoxiào de

⑰ 毕业等于失业。 졸업이 곧 실업이다. **207**

★ 那倒是

그렇긴 하죠

상대방의 의견이나 주장에 동감하는 어감을 나타내는 표현으로 그건 그렇습니다라는 뜻이다.

타 슈어 더 메이추어
예) 他说得没错。　　　　그의 말이 틀린 건 아니에요.
Tā shuō de méicuò

나 따오스
⇨ 那倒是。　　　　⇨ 그렇긴 하죠.
Nà dàoshì

★ 可是

그러나, 하지만

문장 가운데 놓여 내용의 전환점을 나타내는 표현으로 **그러나, 하지만**이라는 뜻이다. 이외에도 但是 dànshì **그러나,** 不过 bú guò **하지만**과 같은 표현들이 있다.

타 쟝 더 피아오량, 커스 싱꺼 부 타이 하오
예) 她长得漂亮，可是性格不太好。　그녀는 예쁘지만 성격이 별로에요.
Tā zhǎng de piàoliang, kěshì xìnggé bú tài hǎo

띠디 티위 청지 헌 하오, 부꾸어 쉬에시 헌 이빤
弟弟体育成绩很好，不过学习很一般。
Dìdi tǐyù chéngjì hěn hǎo, búguò xuéxí hěn yìbān
남동생은 체육성적은 좋은데 공부는 그저 그래요.

※ 漂亮 piàoliang 예쁘다　　　　性格 xìnggé 성격
一般 yìbān 일반적이다

能과 会

~할 수 있다

① 能 néng 은 ~할 수 있다라는 뜻의 조동사로서 동사 앞에 놓여 어떤 일에 대한 능력이나 가능성을 나타낸다. 能은 가능성을 나타낼 때 주로 의문문과 부정문에 쓰인다. 부정은 앞에 不 bù 를 붙여 不能 bùnéng 이라고 한다.

넝 취 마
예) 能去吗? ⇨ **뿌넝 취**
不能去。 갈 수 있니? ⇨ 못 가.
Néng qù ma   Bùnéng qù

넝 뿌 넝 쭈어
能不能做? ⇨ **커이**
可以。 할 수 있어? ⇨ 네.
Néng bu néng zuò   kěyǐ

② 会 huì 는 ~할 것이다, ~할 줄 안다라는 뜻으로 동사 앞에서 미래에 대한 추측이나 가능성, 학습을 통해 어떤 기능이나 능력을 습득했음을 나타낸다.

진티앤 훼이 시아위
예) 今天会下雨。 오늘은 비가 올 것 같다.
Jīntiān huì xiàyǔ

니 훼이 요우용 마
你会游泳吗? ⇨ **부 훼이**
不会。 수영할 줄 알아요? ⇨ 못 해요.
Nǐ huì yóuyǒng ma   Bú huì

※ **游泳** yóuyǒng 수영하다

단어 바꿔 말하기

응용 1

졸업을 축하합니다!

쭈허 니 비예

祝贺你毕业。

Zhùhè nǐ bìyè

1 승진	2 대학 입학	3 1등
셩즈	카오샹 따쉬에	카오 띠이
升职	考上大学	考第一
shēngzhí	kǎoshàng dàxué	kǎo dìyī

응용 2

뭐 볼 게 있어요?

요우 션머 하오 칸 더

有什么好看的。

Yǒu shénme hǎo kàn de

1 말하다	2 울다	3 화나다
슈어	쿠	셩치
说	哭	生气
shuō	kū	shēngqì

의사 **大夫**
따이푸
dàifu

간호사 **护士**
후스
hùshi

공무원 **公务员**
꽁우위앤
gōngwùyuán

경찰 **警察**
징챠
jǐngchá

기자 **记者**
찌저
jìzhě

선생님 **教师**
찌야오스
jiàoshī

변호사 **律师**
뤼스
lǜshī

회계사 **会计师**
콰이지스
kuàijìshī

패션디자이너 **服装设计师**
푸쥬앙 셔찌스
fúzhuāng shèjìshī

가수 **歌手**
꺼쇼우
gēshǒu

탤런트 **演员**
이앤위앤
yǎnyuán

아나운서 **播音员**
보인위앤
bōyīnyuán

기술원 **技术员**
찌슈위앤
jìshùyuán

가정주부 **家庭主妇**
지아팅 쥬푸
jiātíng zhǔfù

취업

어느 해에 졸업했나요?
니 스 나 니앤 삐예 더
你是哪年毕业的?
Nǐ shì nǎ nián bìyè de

지금 대학교 몇 학년이지?
니 시앤짜이 따 지
你现在大几?
Nǐ xiànzài dà jǐ

⇨ 2학년이요.
따얼
大二。
Dà'èr

✐ 중국에서는 **대학생들의 학년**을 말할 때 숫자 앞에 대학 **大学** dàxué 의 **大**를 붙여 **大~**라고 말한다. **대학교 4학년 大四** dàsì

일한지 몇 년 됐나요?
찬지아 꽁쭈어 지 니앤 러
参加工作几年了?
Cānjiā gōngzuò jǐ nián le

요즘은 젊은 실업자가
점점 많아져요.
루 진 니앤칭 스예져 위에 라이 위에 뚜어 러
如今年轻失业者越来越多了。
Rú jīn niánqīng shīyèzhě yuè lái yuè duō le

✐ **越来越~** yuè lái yuè~ 는 **점점, 날이 갈수록**이라는 뜻이다.

왜 다들 외국기업에
들어가려 하나요?
웨이 션머 또우 시양 진 와이치 너
为什么都想进外企呢?
Wèi shénme dōu xiǎng jìn wàiqǐ ne

인웨이 따이위 하오 아
⇨ 대우가 좋으니까요.
因为待遇好啊!
Yīnwèi dàiyù hǎo a

✐ **外企** wàiqǐ 는 **외국기업 外国企业** wàiguó qǐyè 을 줄여서 표현한 말이다.

취직할 때 제일 먼저
생각하는 조건이 바로
연봉입니다.

샤오 꽁쭈어 더 스호우 쮀이 시앤 카오뤼 더 티야오지앤
找工作的时候最先考虑的条件
Zhǎo gōngzuò de shíhou zuì xiān kǎolǜ de tiáojiàn

찌요우스 니앤신
就是年薪。
jiùshì niánxīn

↳ **年薪** niánxīn 은 **연봉**이고 **월급**은 **月薪** yuèxīn 이라고 한다.

그래도 공무원이 최고지!

하이스 꽁우위앤 하오 아
还是公务员好啊!
Háishì gōngwùyuán hǎo a

↳ 여기서 **还是** háishì 는 **뭐니 뭐니 해도, 그래도**라는 뜻이다.

요즘은 석사, 박사가
천지에 깔려서 경쟁력이
점점 커지죠.

루 진 슈오스, 보어스 삐앤띠 또우 스
如今硕士, 博士遍地都是,
Rú jīn shuòshì, bóshì biàdì dōu shì,

찡쩡 위에 라이 위에 따 러
竞争越来越大了。
jìngzhēng yuè lái yuè dà le

당신은 어떤 일자리를
원하십니까?

니 시양 쟈오 션머양 더 꽁쭈어
你想找什么样的工作?
Nǐ xiǎng zhǎo shénme yàng de gōngzuò

당신 직장은 대우가
어떻습니까?

니먼 딴웨이 따이위 쩐머양
你们单位待遇怎么样?
Nǐmen dānwèi dàiyù zěnmeyàng

不见不散。

만날 때까지 기다릴게요.

이번 과에서는 취미와 약속에 관련된 표현을 배워보자.
취미를 물을 때는 **你的爱好是什么?** 니 더 아이하오 스 션머
당신의 취미는 무엇입니까?라고 말하면 되고, **不见不
散。** 부 찌앤 부 싼은 흔히 약속 장소에서 꼭 만나자라는 말
을 할 때 사용하는 표현이다.

새로운 단어

- 暑假 shǔjià 여름방학
- 观看 guānkàn 관람하다
- 比赛 bǐsài 시합
- 参加 cānjiā 참가하다
- 棒 bàng 훌륭하다, 좋다
- 喜欢 xǐhuan 좋아하다
- 虽然 suīrán 비록
- 但是 dànshì 그러나, 하지만
- 周末 zhōumò 주말
- 打算 dǎsuan ~할 계획이다
- 奥运会 àoyùnhuì 올림픽
- 报名 bàomíng 신청하다
- 志愿团 zhìyuàntuán 봉사단
- 一块儿 yíkuàir 함께, 같이
- 足球 zúqiú 축구
- 踢 tī (발로) 차다
- 门票 ménpiào 입장권

이번 여름 방학 어떻게 보낼 계획입니까?

这个暑假你打算怎么过？ 쩌거 슈지아 니 다쑤안 쩐머 꾸어
Zhège shǔjià nǐ dǎsuan zěnme guò

베이징에 올림픽경기를 보러 가려고 합니다.

我要去北京观看奥运会比赛。
Wǒ yào qù Běijīng guānkàn àoyùnhuì bǐsài
워 야오 취 베이찡 관칸 아오윈훼이 비싸이

그래요? 저는 올림픽 봉사단에 지원했어요.

是吗？我报名参加奥运会志愿团了。
Shì ma? Wǒ bàomíng cānjiā àoyùnhuì zhìyuàntuán le
스 마? 워 빠오밍 찬지아 아오윈훼이 즈위앤투완 러

잘 됐네요, 그때 우리 같이 갑시다!

太棒了！ 타이 빵 러!
Tài bàng le

到时候咱们一块儿去吧！ 따오스호우 잔먼 이콸 취 바
Dàoshíhou zánmen yíkuàir qù ba

당신은 무슨 운동을 제일 좋아합니까?

你最喜欢什么运动？ 니 쭈이 시환 션머 윈똥
Nǐ zuì xǐhuan shénme yùndòng

축구입니다.

足球。 주치요우
Zúqiú

저도요, 할 줄은 모르지만 보는 건 좋아하거든요.

我也是，虽然不会踢，但是喜欢看。
Wǒ yě shì, suīrán búhuì tī, dànshì xǐhuan kàn
워 예 스, 쒜이란 부훼이 티, 딴스 시환 칸

저한테 입장권이 있으니까 주말에 축구경기 보러 가죠!

正好我有门票，周末去看球赛吧!
Zhèng hǎo wǒ yǒu ménpiào, zhōumò qù kàn qiúsài ba
쩡 하오 워 요우 먼피야오, 죠우모어 취 칸 치요우싸이 바

좋아요, 약속 한 거에요!

好，一言为定! 하오, 이 이앤 웨이 띵
Hǎo, yì yán wéi dìng

★ 打算
~할 계획이다, ~할 예정이다

~할 계획이다, ~할 예정이다라는 뜻으로 생각이나 예정, 계획 등을 말할 때 쓴다.

워 따쑤안 한지아 더 스호우 훼이구어
예 **我打算寒假的时候回国。** 겨울방학 때 귀국할 예정입니다.
Wǒ dǎsuan hánjià de shíhou huíguó

니 따쑤안 쩐머 슈어
你打算怎么说? 어떻게 얘기할 생각인가요?
Nǐ dǎsuan zěnme shuō

※ 寒假 hánjià 겨울방학

★ 到时候
그 때

그 때라는 뜻으로 미래에 다가올 정해진 시기가 되면이라는 말이다. 뒤에는 일반적으로 미래에 대한 추측이나 가능성을 나타내는 会 huì 가 온다.

따오 스호우, 워 훼이 까오쑤 니 더
예 **到时候，我会告诉你的。** 때가 되면 알려드릴게요.
Dào shíhou, wǒ huì gàosu nǐ de

따오 스호우, 워 이띵 훼이 취 더
到时候，我一定会去的。 그 때 제가 꼭 가겠습니다.
Dào shíhou, wǒ yídìng huì qù de

⑱ 不见不散。 만날 때까지 기다릴게요. **217**

★ 去와 走

가다

우리말로 모두 가다라는 뜻이지만 약간의 차이가 있다.
去 qù 는 어떤 목적지를 향해 **가다**라는 뜻으로 쓰이고, 走 zǒu
는 단순히 어느 한 장소에서 **떠나다**라는 뜻으로 쓰인다.

마마 취 나알
妈妈去哪儿? 엄마 어디 가세요?
Māma qù nǎr

취 스챵
⇨ 去市场。 ⇨ 시장에 가.
Qù shìchǎng

워 야오 조우 러
我要走了。 저 갑니다.
Wǒ yào zǒu le

라오스 조우 러
老师走了。 선생님이 가셨어요.
Lǎoshī zǒu le

★ 一言为定과 不见不散

약속할 때 흔히 쓰는 표현인데, 一言为定 yìyánwéidìng 은 **한마
디로 결정하다**라는 뜻으로 약속을 최종 확정하는 표현이고, 不
见不散 bújiànbúsàn 은 **만나지 못하면 헤어지지 않는다**라는 뜻
으로 약속 장소에서 꼭 만나자라는 표현이다.

一起去看电影吧!　　같이 영화 보러 가자.
Yìqǐ qù kàn diànyǐng ba

⇨ **好，一言为定!**　　⇨ 그래, 약속 한 거다.
Hǎo, yì yán wéi dìng

在电影院门口，不见不散。 영화관 입구에서 꼭 만나자.
Zài diànyǐngyuàn ménkǒu, bú jiàn bú sàn

※ 电影院 diànyǐngyuàn 영화관　　门口 ménkǒu 입구

★ 虽然

비록 ~일지라도(하지만)

비록 ~일지라도(하지만)라는 뜻으로 뒤에는 문장의 전환점을 나타내는 但是 dànshì, 可是 kěshì 그러나, 하지만 등과 호응을 이룬다.

虽然很累，但是没办法。
Suīrán hěn lèi, dànshì méi bànfǎ
비록 힘들지만 그래도 방법이 없어요.

虽然不是好的，可是很舒服。
Suīrán búshì hǎo de, kěshì hěn shūfu
비록 좋은 건 아니지만 그래도 아주 편해요.

※ 办法 bànfǎ 방법

(18) 不见不散。 만날 때까지 기다릴게요.　**219**

단어 바꿔 말하기

 **응용1**

당신은 뭘 좋아합니까?

니 시환 쭈어 션머
你喜欢做什么?
Nǐ xǐhuan zuò shénme

⇒ 축구 하기를 **좋아합니다.**

워 시환 티 주치요우
我喜欢踢足球。
Wǒ xǐhuan tī zúqiú

1 농구하다
다 란치요우
打篮球
dǎ lánqiú

2 야구하다
다 빵치요우
打棒球
dǎ bàngqiú

3 인라인 스케이트 타다
화 한삥
滑旱冰
huá hànbīng

 **응용2**

저는 잠자려고 합니다.

워 야오 쉐이지야오
我要睡觉。
Wǒ yào shuìjiào

1 영화보러 가다
취 칸 띠앤잉
去看电影
qù kàn diànyǐng

2 수업하러 가다
취 샹커
去上课
qù shàngkè

3 다이어트 하다
지앤페이
减肥
jiǎnféi

아오윈훼이
올림픽 奥运会
àoyùnhuì

야윈훼이
아시안게임 亚运会
yàyùnhuì

스지에뻬이
월드컵 世界杯
shìjièbēi

란치요우
농구 篮球
lánqiú

파이치요우
배구 排球
páiqiú

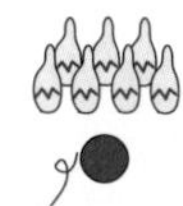

빠오링치요우
볼링 保龄球
bǎolíngqiú

빵치요우
야구 棒球
bàngqiú

까오얼푸치요우
골프 高尔夫球
gāo'ěrfūqiú

요우융
수영 游泳
yóuyǒng

화 한뼁
인라인스케이트 타다 滑旱冰
huá hànbīng

천파오
조깅 晨跑
chénpǎo

타이지취앤
태극권 太极拳
tàijíquán

우슈
쿵푸 武术
wǔshù

화쉬에
스키타다 滑雪
huáxuě

약속

이번 주말에 뭐 해요?

쩌거 죠우모어 니 다쑤안 쭈어 션머
这个周末你打算做什么?
Zhège zhōumò nǐ dǎsuan zuò shénme

2002년 월드컵경기
봤어요?

니 칸 구어 얼 링 링 얼 니앤 스지에뻬이 싸이 마
你看过2002年世界杯赛吗?
Nǐ kàn guò èr líng líng èr nián shìjièbēi sài ma

↪ **世界杯** shìjièbēi 는 **월드컵대회**를 말한다.

⇒ 물론이죠.

땅란
当然。
Dāngrán

내일 오후에
우리 쇼핑하러 갑시다.

밍티앤 시아우 잔먼 취 꽝지에 쩐머양
明天下午咱们去逛街怎么样?
Míngtiān xiàwǔ zánmen qù guàngjiē zěnmeyàng

↪ **逛** guàng 은 **거닐다, 놀러 다니다**라는 뜻으로 **逛街**는 **거리를 놀러 다니다**라는 뜻이다.

내일 저녁에 시간 있어요?

밍티앤 완샹 요우 콩 마
明天晚上有空吗?
Míngtiān wǎnshang yǒu kòng ma

⇒ 미안해요,
선약이 있어요.

뿌 하오 이쓰, 이징 요우 위에 러
不好意思, 已经有约了。
Bù hǎo yìsi, yǐjīng yǒu yuē le

↪ **有约** yǒu yuē 는 **약속이 있다**라는 뜻이다.
연인들 사이의 약속, 즉 데이트는 **约会** yuēhuì 라고 한다.

우리 언제 만날까요?

짠먼 션머 스호우 찌앤미앤
咱们什么时候见面?
Zánmen shénme shíhou jiànmiàn

어제 얘기 다 된 거
아닌가요?

주어티앤 부스 껀 니 슈어 하오 더 마
昨天不是跟你说好的吗?
Zuótiān búshì gēn nǐ shuō hǎo de ma

⇒ 미안하지만, 이 약속을
취소하고 싶어요.

쩐 뛔이부치, 워 시양 취시야오 쩌거 위에훼이
真对不起, 我想取消这个约会。
Zhēn duìbuqǐ, wǒ xiǎng qǔxiāo zhège yuēhuì

사람은 신용을 지켜야 해요,
약속을 어겨서는 안됩니다.

런 잉가이 쇼우 신용, 뿌넝 스위에
人应该守信用, 不能失约。
Rén yīnggāi shǒu xìnyòng, bùnéng shīyuē

취미

당신의 취미는 무엇인가요?

니 요우 션머 아이하오
你有什么爱好?
Nǐ yǒu shénme àihào

저는 별다른 취미가 없어요.

워 메이 션머 아이하오
我没什么爱好。
Wǒ méi shénme àihào

남동생은 전자게임을
제일 좋아해요.

띠디 쮀이 시환 다 띠앤즈 요우시 러
弟弟最喜欢打电子游戏了。
Dìdi zuì xǐhuan dǎ diànzi yóuxì le

网上聊天

인터넷 채팅

이번 과에서는 컴퓨터와 인터넷에 관련된 표현들을 배워 보도록 하자.

인터넷 하는 것을 上网 샹왕 이라고 하고, 인터넷 채팅을 网上聊天 왕샹 리야오티앤 이라고 한다. 그 밖에 컴퓨터 관련 용어와 표현들을 알아두자.

새로운 단어

- **经常** jīngcháng 늘, 항상
- **几乎** jīhū 거의
- **聊天** liáotiān 수다 떨다
- **干** gàn 하다
- **东西** dōngxi 물건
- **商店** shāngdiàn 상점
- **忙** máng 바쁘다
- **上网** shàngwǎng 인터넷
- **每天** měitiān 매일
- **电邮** diànyóu 전자메일
- **购物** gòuwù 쇼핑하다
- **比** bǐ ~보다
- **差不多** chàbuduō 비슷하다

너 인터넷 자주 하니?

你经常上网吗? 니 징챵 샹왕 마
Nǐ jīngcháng shàngwǎng ma

그럼, 거의 매일 친구들과 채팅해.

是呀! 几乎每天都跟朋友在网上聊天。
Shì ya Jīhū měitiān dōu gēn péngyou zài wǎngshang liáotiān
스 야 , 지후 메이티앤 또우 껀 펑요우 짜이 왕샹 리야오티앤

너의 메일주소 나한테 알려줘.

告诉我你的电邮好吗? 까오쑤 워 니 더 띠앤요우 하오 마
Gàosu wǒ nǐ de diànyóu hǎo ma

그래, 내 메일주소는 wang@china.com이야.

好, 我的电邮是wang@china.com。
Hǎo, wǒ de diànyóu shì WANG quānr A CHINA diǎnr COM
하오, 워 더 띠앤요우 스 W-A-N-G 취알 A 차이나 디얼 컴

◇◇◇　　网上聊天　　◇◇◇

너 뭐하고 있니?

你在干什么呢? 니 짜이 깐 션머 너
Nǐ zài gàn shénme ne

인터넷 쇼핑하고 있어.

在网上购物呢。 짜이 왕샹 꼬우우 너
Zài wǎngshang gòuwù ne

인터넷 물건이 상점보다 싸니?

网上的东西比商店便宜吗? 왕샹 더 똥시 비 샹띠앤 피앤이 마
Wǎngshàng de dōngxi bǐ shāngdiàn piányi ma

비슷해, 비싸지도 않고 싸지도 않아.

差不多, 不贵也不便宜。 챠부뚜어, 부 꿰이 예 뿌 피앤이
chàbuduō, bú guì yě bù piányi

그럼, 너 할 일해.

那, 你忙吧! 나, 니 망 바
Nà, nǐ máng ba

응, 안녕.

好, 886。 하오, 빠 빠 리요우
Hǎo, bā bā liù

POINT & 해설

★ 跟
~와, ~과

연합의 관계를 나타내는 ~와라는 뜻도 있고 그 밖에 동작의 대상을 이끌어 들이는 ~에게, ~를 향하여 라는 뜻도 있다. 또한 **따라가다**라는 뜻으로 쓰이기도 한다.

워 껀 타 이치 취
我跟他一起去。
Wǒ gēn tā yìqǐ qù
저는 그와 같이 갈 거에요.

메이메이 껀 빠바 슈어 러
妹妹跟爸爸说了。
Mèimei gēn bàba shuō le
여동생이 아빠한테 말했어요.

시야오활 껀 마마 조우 러
小孩儿跟妈妈走了。
Xiǎoháir gēn māma zǒu le
아이는 엄마를 따라갔어요.

※ 小孩儿 xiǎoháir 어린아이

★ 电邮
이메일

电子邮件 diànzi yóujiàn **전자 메일**을 줄여서 쓴 표현이다. 중국에서는 **이메일**을 伊妹儿 yīmèir 이라고도 한다. 메일주소를 물어 볼 때 흔히 地址 dìzhǐ 주소라는 단어는 빼고 그냥 **메일**이라고만 표현한다.

> 까오쑤 워 니 더 이메이얼
> **告诉我你的伊妹儿。** 너 이메일주소 좀 알려줘.
> Gàosu wǒ nǐ de yīmèir

> 게이 워 파 띠앤요우 바
> **给我发电邮吧!** 나한테 이메일 보내줘.
> Gěi wǒ fā diànyóu ba

메일 주소를 읽을 때 영어문자는 우리랑 똑같이 읽지만 가운데 골뱅이 @를 중국에서는 圈儿A quānr A 혹은 团A tuán A 라고 읽고 점 . 은 点儿 diǎnr 이라고 읽는다. 메일주소를 주고 받을 때 꼭 필요한 말이니 반드시 알아두자.

★ 비교급

사람이나 사물의 성질, 및 정도의 차이를 나타내고자 할 때 A 比 B + 비교내용의 형식으로 표현하며 A는 B보다 ~하다라는 의미가 된다. 부정형식으로 B는 A만 못하다라고 할 때는 B 没 有 A + 비교내용으로 표현한다.

> 한위 비 잉위 난
> **汉语比英语难。** 중국어는 영어보다 어렵다.
> Hànyǔ bǐ Yīngyǔ nán

> 잉위 메이요우 한위 난
> **英语没有汉语难。** 영어는 중국어보다 어렵지 않다.
> Yīngyǔ méiyǒu Hànyǔ nán

※ 英语 Yīngyǔ 영어

★ 差不多

비슷하다

시간, 거리, 정도 등이 **비슷하다, 거의 차이가 없다**라는 뜻이다.

타먼 랴 셰이 까오
他们俩谁高?　　　그들 둘 중 누가 키가 큽니까?
Tāmen liǎ shéi gāo

챠부뚸어
⇨ **差不多。**　　　⇨ 비슷해요.
Chàbuduō

★ 신조어

요즘 젊은이들 사이에서는 채팅할 때 신조어를 많이 사용하고 있다. 많이 쓰이는 몇 가지만 알아두자. 신조어는 주로 영문 알파벳 이니셜을 이용한 표현이 있고 한어 병음을 따서 표현한 것들도 있다.

886	八八六	bā bā liù 빠 빠 리요우	안녕 Bye Bye了와 발음 비슷
VG	很好	hěnhǎo 헌 하오	Very Good
BD	笨蛋	bèndàn 뻔딴	바보, 멍청이
521	我爱你	wǒ ài nǐ 워 아이 니	사랑해요.

단어 바꿔 말하기 2-B

당신은 무엇을 하고 있습니까?　你在干什么呢?

니 짜이 깐 션머 너

Nǐ zài gàn shénme ne

⇒ 저는 지금 책을 보고 있습니다.

워 짜이 칸 슈

我在看书。

Wǒ zài kàn shū

1 음악 듣다
팅 인위에
听音乐
tīng yīnyuè

2 게임하다
완 요우시
玩游戏
wán yóuxì

3 비디오 보다
칸 루시양
看录像
kàn lùxiàng

여동생은 나보다 키가 큽니다.

메이메이 비 워 까오

妹妹比我高。

Mèimei bǐ wǒ gāo

1 뚱뚱하다
팡
胖
pàng

2 날씬하다
쇼우
瘦
shòu

3 예쁘다
피야오량
漂亮
piàoliang

컴퓨터 용어

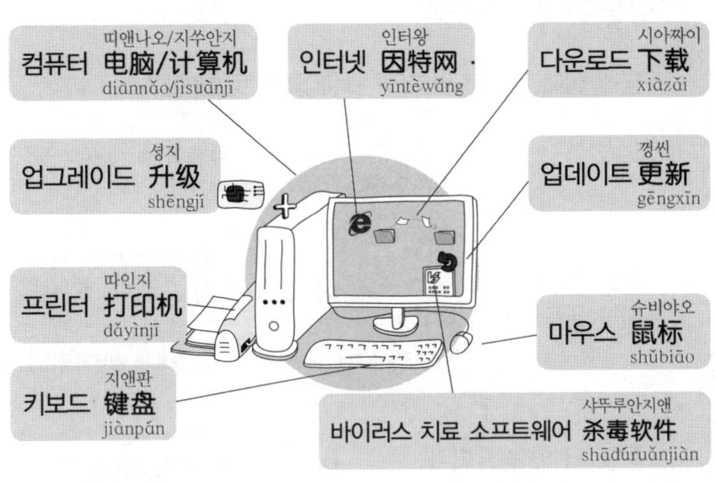

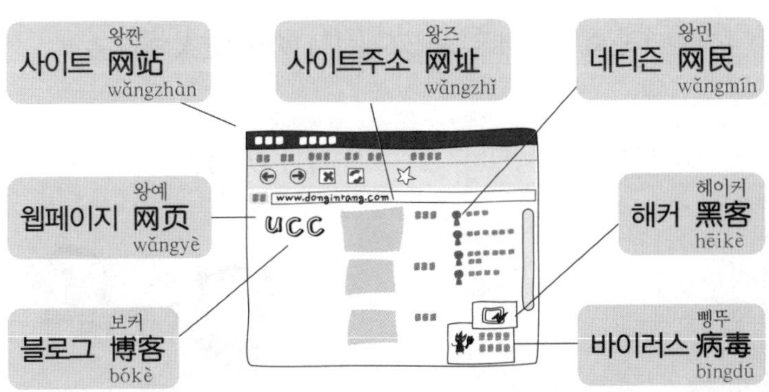

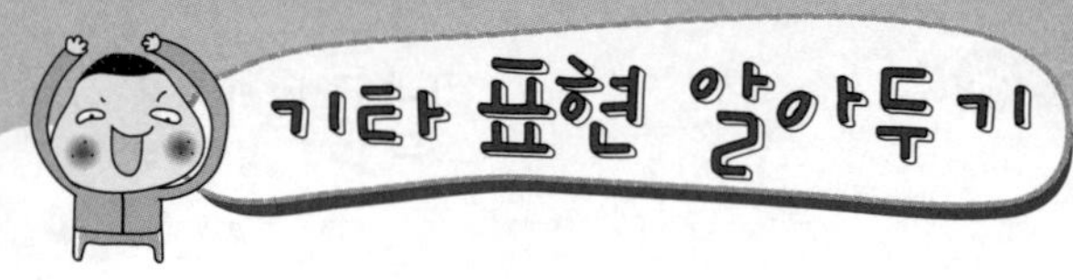

컴퓨터 / 인터넷

당신 집에 컴퓨터 있어요?

니 지아 요우 띠앤나오 마
你家有电脑吗?
Nǐ jiā yǒu diànnǎo ma

> ✿ 중국에서는 **컴퓨터**를 전자 뇌라고 표현해 **电脑** diànnǎo 라고 말한다.
> 이외에 계산 기계라는 뜻으로 **计算机** jìsuànjī 라고도 한다.

며칠 전에
저는 노트북을 샀어요.

치앤지티앤 워 마이 러 비지번 띠앤나오
前几天我买了笔记本电脑。
Qiánjǐtiān wǒ mǎi le bǐjìběn diànnǎo

> ✿ **笔记本电脑** bǐjìběn diànnǎo 는 **노트북 컴퓨터**를 말한다.

큰일 났어, 컴퓨터가
바이러스에 걸렸어.

화이 러, 띠앤나오 간란 삥두 러
坏了, 电脑感染病毒了。
Huài le, diànnǎo gǎnrǎn bìngdú le

> ✿ **病毒** bìngdú 는 **바이러스**를 말한다.

인터넷 속도가 너무 느려요.

인터왕 쑤뚜 타이 만 러
因特网速度太慢了。
Yīntèwǎng sùdù tài màn le

너 타자 속도 빠르니?

니 다쯔 콰이 마
你打字快吗?
Nǐ dǎzì kuài ma

큰일 났네, 또 다운됐어.

완 러, 요우 스 찌러
完了，又死机了。
Wán le, yòu sǐ jī le

♢ 중국에서는 **死机** sǐjī 기계가 죽었다라는 말로 **다운되다**라는 뜻을 나타낸다.

어제 채팅하면서 온라인 친구를 몇 명 사귀었어.

주어티앤 왕리야오 스, 찌야오샹 러 지 거 펑요우
昨天网聊时，交上了几个朋友。
Zuótiān wǎngliáo shí, jiāoshàng le jǐ ge péngyou

♢ **网聊** wǎngliáo 는 온라인 채팅 **网上聊天** wǎngshang liáotiān 을 줄여서 쓴 표현이다.

인터넷 쇼핑을 하면 쉽게 사기당할 수 있어요.

짜이 왕샹 꼬우우 헌 롱이 쇼우피앤
在网上购物很容易受骗。
Zài wǎngshang gòuwù hěn róngyì shòupiàn

너 내 메일 받았니?

니 쇼우따오 워 더 이메이얼 러 마
你收到我的伊妹儿了吗?
Nǐ shōudào wǒ de yīmèir le ma

⇒ 아니.

메이요우 아
没有啊!
Méiyǒu a

저는 새로운 소프트웨어를 다운 받으려고요.

워 야오 시아짜이 씬 더 루안지앤
我要下载新的软件。
Wǒ yào xiàzǎi xīn de ruǎnjiàn

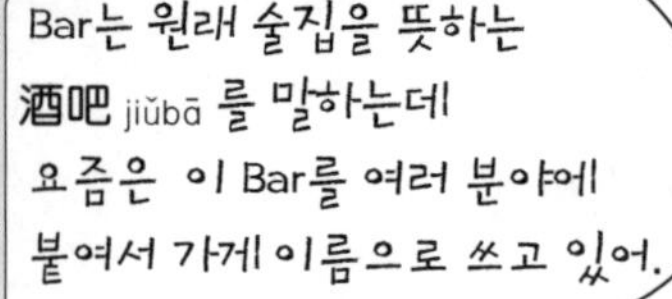

많이 쓰이는 인터넷용어
몇 가지를 알아보자.

3Q	谢谢 xièxie	Thank you의 발음을 따서 만들어진 말
GG	哥哥 gēge	오빠
MM	美眉 měiméi	미녀를 가리킴
BG	很好 hěnhǎo	Very Good
QS	去死 qùsǐ	가서 죽어라
IC	知道了 zhīdào le	I see
FT	晕倒 yūndǎo	기절하다 Faint를 줄여서 쓴 말
PLZ (PLS)	请 qǐng	Please,
BT	变态 biàntài	변태

부록

꼭 알아야 할 한·중 단어

가격 찌아거		jiàgé 价格
가구 찌아쮜		jiājù 家具
가까스로 하오뿌롱이		hǎoburóngyi 好不容易
가까운 찐		jìn 近
가난하다 핀총		pínqióng 贫穷
가늘다 시		xì 细
가다 취		qù 去
가득하다 만		mǎn 满
가라오케 카라오케이		kǎlāOK 卡拉OK
가로 헝		héng 横
가르치다 찌야오		jiāo 教
가방 빠오		bāo 包
가볍다 칭		qīng 轻
가사 꺼츠		gēcí 歌词
가수 꺼쇼우		gēshǒu 歌手
가엾다 커리앤		kělián 可怜
가운데 쫑지앤		zhōngjiān 中间
가위 지앤즈		jiǎnzi 剪子
가을 치요우티앤		qiūtiān 秋天

가이드 따오요우		dǎoyóu 导游
가장 쮀이		zuì 最
가정 지아팅		jiātíng 家庭
가정주부 지아팅 푸뉘		jiātíng fùnǚ 家庭妇女
가죽 피		pí 皮
가죽구두 피시에		píxié 皮鞋
가지 치에즈		qiézi 茄子
간단하다 지앤딴		jiǎndān 简单
간부 깐뿌		gànbù 干部
간식 디앤신		diǎnxīn 点心
간장 지양요우		jiàngyóu 酱油
간절하다 청컨		chéngkěn 诚恳
간호사 후스		hùshi 护士
감격하다 지똥		jīdòng 激动
감기 깐마오		gǎnmào 感冒
감동하다 깐똥		gǎndòng 感动
감자 투토얼		tǔdòur 土豆儿
갑자기 투란/후란		tūrán / hūrán 突然 / 忽然
값 지아치앤		jiàqian 价钱
강 허/지양		hé / jiāng 河 / 江
강대하다 치양따		qiángdà 强大
강도 치양따오		qiángdào 强盗

~같은 하오시양	**好象** hǎoxiàng		겸손하다 커치	**客气** kèqi
개 꼬우	**狗** gǒu		경유지 징팅짠	**经停站** jīngtíngzhàn
개회 카이훼이	**开会** kāihuì		경제 징지	**经济** jīngjì
객실 커팡	**客房** kèfáng		경찰 징챠	**警察** jǐngchá
거스름돈 쟈오치앤	**找钱** zhǎoqián		경찰서 꽁안쥐	**公安局** gōng'ānjú
거울 징즈	**镜子** jìngzi		경치 징써	**景色** jǐngsè
거절하다 쮜쮜에	**拒绝** jùjué		계란 지딴	**鸡蛋** jīdàn
거행하다 쮜씽	**举行** jǔxíng		계산대 꿰이타이	**柜台** guìtái
걱정하다 딴신	**担心** dānxīn		계산서 쨩단	**帐单** zhàngdān
건배 간뻬이	**干杯** gānbēi		계산하다 쑤안	**算** suàn
건설(하다) 지앤서	**建设** jiànshè		계절 찌지에	**季节** jìjié
건조 깐짜오	**干燥** gānzào		고객 꾸커	**顾客** gùkè
건축물 찌앤쭈우	**建筑物** jiànzhùwù		고구마 바이슈	**白薯** báishǔ
걷다 조우	**走** zǒu		고기 로우	**肉** ròu
검사하다 지앤챠	**检查** jiǎnchá		고모 꾸구	**姑姑** gūgu
검정색 헤이써	**黑色** hēisè		고모부 꾸푸	**姑父** gūfu
게으르다 란	**懒** lǎn		고생하다 츠쿠	**吃苦** chīkǔ
겨울 똥티앤	**冬天** dōngtiān		고양이 마오	**猫** māo
견학하다 찬관	**参观** cānguān		고의로 꾸이	**故意** gùyì
결정하다 쮜에띵	**决定** juédìng		고추 라지야오	**辣椒** làjiāo
결항 팅페이	**停飞** tíngfēi		고추장 라지야오지양	**辣椒酱** làjiāojiàng
결혼하다 지에훈	**结婚** jiéhūn		곧 리커/마샹	**立刻 / 马上** lìkè / mǎshàng

한국어	발음	拼音	中文
골절	꾸져	gǔzhé	骨折
곰	숑	xióng	熊
공무원	꽁우위앤	gōngwùyuán	公务员
공예품	꽁이핀	gōngyìpǐn	工艺品
공원	꽁위앤	gōngyuán	公园
공중전화	꽁용 띠앤화	gōngyòng diànhuà	公用电话
공항	지챵	jīchǎng	机场
과일	쉐이구어	shuǐguǒ	水果
관계	꽌시	guānxi	关系
관광버스	요우란쳐	yóulǎnchē	游览车
관광지	요우란취	yóulǎnqū	游览区
광천수	꽝취앤쉐이	kuàngquǎnshuǐ	矿泉水
교육	찌야오위	jiàoyù	教育
교통	찌야오통	jiāotōng	交通
구급차	지요우후쳐	jiùhùchē	救护车
구름	윈	yún	云
구명조끼	찌요우셩이	jiùshēngyī	救生衣
국	탕	tāng	汤
국민	구어민	guómín	国民
국수	미앤티야오	miàntiáo	面条
국제전화	구어지 띠앤화	guójì diànhuà	国际电话
굵다	추	cū	粗
귀	얼두어	ěrduo	耳朵
귀걸이	얼환	ěrhuán	耳环
귀빈	시커	xīkè	稀客
귀중하다	꿰이쫑	guìzhòng	贵重
귤	쮜즈	júzi	橘子
그	타	tā	他
그것	나 / 나거	nà / nàge	那 / 那个
그곳	나 / 나리	nàr / nàli	那儿 / 那里
그녀	타	tā	她
그들	타먼	tāmen	他们
그릇	완	wǎn	碗
그림	화	huà	画
그저께	치앤티앤	qiántiān	前天
극장	쮜챵	jùchǎng	剧场
금	진	jīn	金
금년	진니앤	jīnnián	今年
금연	진이앤	jìnyān	禁烟
금요일	싱치우	xīngqīwǔ	星期五
기념	지니앤	jìniàn	纪念
기다리다	덩	děng	等
기록	지루	jìlù	记录
기름	요우	yóu	油

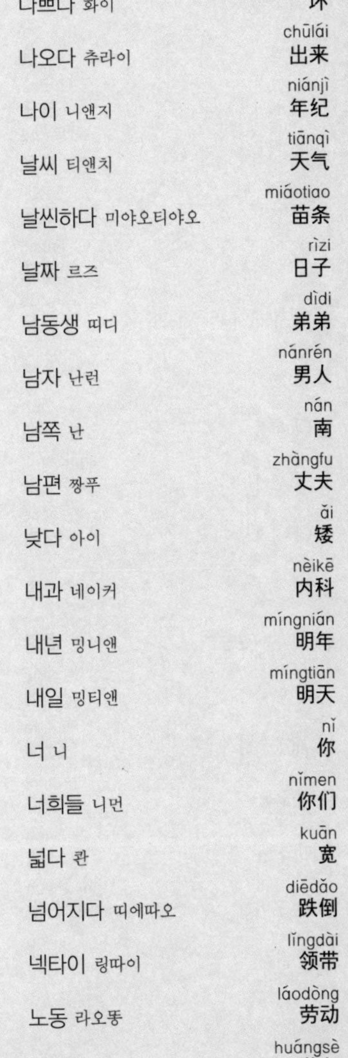

기쁘다	까오싱	高兴 (gāoxìng)
기숙사	쑤셔	宿舍 (sùshè)
기술	지슈	技术 (jìshù)
기온	치원	气温 (qìwēn)
기자	찌져	记者 (jìzhě)
기점	스파짠	始发站 (shǐfāzhàn)
기차	후어쳐	火车 (huǒchē)
기회	지훼이	机会 (jīhuì)
긴급	진지	紧急 (jǐnjí)
길다	챵	长 (cháng)
김치	파오차이	泡菜 (pàocài)
깊다	션	深 (shēn)
깨끗하다	깐징	干净 (gānjìng)
꽃	화	花 (huā)
끌다	라	拉 (lā)

나	워	我 (wǒ)
나가다	츄취	出去 (chūqù)
나무	슈	树 (shù)

나쁘다	화이	坏 (huài)
나오다	츄라이	出来 (chūlái)
나이	니앤지	年纪 (niánjì)
날씨	티앤치	天气 (tiānqì)
날씬하다	미야오티야오	苗条 (miáotiao)
날짜	르즈	日子 (rìzi)
남동생	띠디	弟弟 (dìdi)
남자	난런	男人 (nánrén)
남쪽	난	南 (nán)
남편	쨩푸	丈夫 (zhàngfu)
낮다	아이	矮 (ǎi)
내과	네이커	内科 (nèikē)
내년	밍니앤	明年 (míngnián)
내일	밍티앤	明天 (míngtiān)
너	니	你 (nǐ)
너희들	니먼	你们 (nǐmen)
넓다	콴	宽 (kuān)
넘어지다	띠에따오	跌倒 (diēdǎo)
넥타이	링따이	领带 (lǐngdài)
노동	라오똥	劳动 (láodòng)
노란색	황써	黄色 (huángsè)
노래하다	챵꺼	唱歌 (chànggē)

노력하다	누리	努力 (nǔlì)
노루	루	鹿 (lù)
노점	탄즈	摊子 (tānzi)
녹색	뤼써	绿色 (lǜsè)
놀다	완	玩 (wán)
농구	란치요우	篮球 (lánqiú)
농담하다	카이 완시야오	开玩笑 (kāi wánxiào)
농부	농푸	农夫 (nóngfū)
높다	까오	高 (gāo)
누구	셰이, 쉐이	谁 (shéi, shuí)
누나	지에지에	姐姐 (jiějie)
눈	쉬에	雪 (xuě)
눈 얼굴	이앤징	眼睛 (yǎnjing)
눕다	탕	躺 (tǎng)
느끼다	쥐에더	觉得 (juéde)
느낌	간쥐에	感觉 (gǎnjué)
느리다	만	慢 (màn)
늦다	츠/완	迟 / 晚 (chí / wǎn)
늙다	라오	老 (lǎo)

다리	치야오	桥 (qiáo)
다리신체	지야오	脚 (jiǎo)
다시	짜이	再 (zài)
다치다	쇼우샹	受伤 (shòushāng)
단지	즈	只 (zhǐ)
단풍잎	홍예	红叶 (hóngyè)
닫다	꽌 / 삐	关 / 闭 (guān / bì)
달다	티앤	甜 (tián)
달러 $	메이위앤	美元 (měiyuán)
달리다	파오뿌	跑步 (pǎobù)
닭	찌	鸡 (jī)
담배	이앤	烟 (yān)
담배피다	쵸우이앤	抽烟 (chōuyān)
당신	닌	您 (nín)
당연하다	땅란	当然 (dāngrán)
대개	따까이	大概 (dàgài)
대단히	페이챵	非常 (fēicháng)
대답하다	훼이다	回答 (huídá)
대략	따위에	大约 (dàyuē)

대사관 따스관		dàshǐguǎn 大使馆
대통령 종통		zǒngtǒng 总统
대학 따쉬에		dàxué 大学
더럽다 장		zāng 脏
더욱 껑		gèng 更
덥다 러		rè 热
도둑 시야오토우		xiǎotōu 小偷
도서관 투슈관		túshūguǎn 图书馆
도시 청스		chéngshì 城市
도착하다 따오		dào 到
독서 뚜슈		dúshū 读书
돈 치앤		qián 钱
돌려주다 환		huán 还
돌아오다 훼이라이		huílái 回来
돕다 빵쮸		bāngzhù 帮助
동물 똥우		dòngwù 动物
동물원 똥우위앤		dòngwùyuán 动物园
동의하다 통이		tóngyì 同意
동전 잉삐		yìngbì 硬币
동쪽 똥		dōng 东
두껍다 호우		hòu 厚
두통 토우텅		tóuténg 头疼

뒤쪽 호우미앤		hòumiàn 后面
듣다 팅		tīng 听
들어오다 찐		jìn 进
등기우편 꽈하오쎈		guàhàoxìn 挂号信
등록하다 덩찌		dēngjì 登记
등산 파샨		páshān 爬山
따뜻하다 누안후어		nuǎnhuo 暖和
딸 뉘얼		nǚ'ér 女儿
딸기 차오메이		cǎoméi 草莓
떠나다 리카이		líkāi 离开
또 요우/하이		yòu / hái 又 / 还
또한 예		yě 也
뚱뚱하다 팡		pàng 胖

라디오 쇼우인지		shōuyīnjī 收音机
라면 팡비앤미앤		fāngbiànmiàn 方便面
~로부터 총		cóng 从
리터 셩		shēng 升
립스틱 코우훙		kǒuhóng 口红

마늘	따쑤안	dàsuàn 大蒜
마당	위앤즈	yuànzi 院子
마르다	쇼우	shòu 瘦
마시다	허	hē 喝
마음대로	쒜이비앤	suíbiàn 随便
마중하다	지에	jiē 接
마침내	쫑위	zhōngyú 终于
만10,000	완	wàn 万
만나다	찌앤미앤	jiànmiàn 见面
만년필	깡삐	gāngbǐ 钢笔
만두	지야오즈	jiǎozi 饺子
만들다	즈짜오	zhìzào 制造
만족하다	만이/만주	mǎnyì / mǎnzú 满意 / 满足
많다	뚜어	duō 多
말동물	마	mǎ 马
말	화	huà 话
말하다	슈어	shuō 说
맛	웨이따오	wèidao 味道
맛보다	챵	cháng 尝
맛있다	하오츠	hǎochī 好吃
맞은편	뛔이미앤	duìmiàn 对面
매니저	징리	jīnglǐ 经理
매우	헌	hěn 很
매일	메이티앤	měitiān 每天
매표인	쇼우퍄오위앤	shòupiàoyuán 售票员
맥박	마이뽀	màibó 脉搏
맥주	피지요우	píjiǔ 啤酒
맵다	라	là 辣
머리	토우	tóu 头
머리카락	토우파	tóufa 头发
머무르다	팅리요우	tíngliú 停留
먹다	츠	chī 吃
멀다	위앤	yuǎn 远
메뉴판	차이딴	càidān 菜单
며느리	시푸	xífù 媳妇
면 음식	미앤티야오	miàntiáo 面条
면 옷감	미앤	mián 棉
모레	호우티앤	hòutiān 后天
모르다	뿌 즈따오	bù zhīdào 不知道
모양	양즈	yàngzi 样子
모자	마오즈	màozi 帽子

모자라다	부꼬우	búgòu 不够
목	쌍즈/보어즈	sǎngzi / bózi 嗓子 / 脖子
목걸이	시양리앤	xiàngliàn 项链
목요일	싱치쓰	xīngqīsì 星期四
목욕하다	시짜오	xǐzǎo 洗澡
목적지	무띠디	mùdìdì 目的地
몸	션티	shēntǐ 身体
못생기다	쵸우	chǒu 丑
무겁다	쫑	zhòng 重
무엇	션머	shénme 什么
무역회사	마오이 꿍쓰	màoyì gōngsī 贸易公司
문	먼	mén 门
문장	원쟝	wénzhāng 文章
문제	원티	wèntí 问题
묻다	원	wèn 问
물	쉐이	shuǐ 水
물건	똥시	dōngxi 东西
물고기	위	yú 鱼
미국	메이구어	Měiguó 美国
미술	메이슈	měishù 美术
미술관	메이슈관	měishùguǎn 美术馆
미안하다	뚜이부치	duìbuqǐ 对不起
미용실	메이롱위앤	měiróngyuàn 美容院
미워하다	헌	hèn 恨
미터	미/꿍츠	mǐ / gōngchǐ 米 / 公尺
믿다	총	xiāngxìn 相信

바구니	란즈	lánzi 篮子
바꾸다	환	huàn 换
바나나	시양지야오	xiāngjiāo 香蕉
바늘	쩐	zhēn 针
바다	하이	hǎi 海
바람	펑	fēng 风
바람불다	꽈펑	guāfēng 刮风
바쁘다	망	máng 忙
바지	쿠즈	kùzi 裤子
박물관	보우관	bówùguǎn 博物馆
박수치다	구쟝	gǔzhǎng 鼓掌
밖	와이	wài 外
반 절반	빤	bàn 半
반 학급	빤	bān 班

반드시	이띵	yídìng	一定
받다	쇼우/지에	shōu / jiē	收 / 接
발생하다	파셩	fāshēng	发生
발음	파인	fāyīn	发音
밝다	밍량	míngliàng	明亮
밥	판	fàn	饭
방	팡지앤	fángjiān	房间
방문하다	바이팡	bàifǎng	拜访
방학하다	팡지아	fàngjià	放假
배 과일	리	lí	梨
배 몸	뚜즈	dùzi	肚子
배 선박	츄안	chuán	船
배고프다	어	è	饿
배구	파이치요우	páiqiú	排球
배드민턴	위마오치요우	yǔmáoqiú	羽毛球
배부르다	빠오	bǎo	饱
배우	이앤위앤	yǎnyuán	演员
배우다	쉬에	xué	学
백 100	바이	bǎi	百
백화점	바이후어 따로우	bǎihuò dàlóu	百货大楼
버스	꽁공치쳐	gōnggòngqìchē	公共汽车
버스정류장	꽁공치쳐짠	gōnggòngqìchēzhàn	公共汽车站
버터	황요우	huángyóu	黄油
번거롭다	마판	máfan	麻烦
벌써	이징	yǐjīng	已经
법	파	fǎ	法
벗다	투어	tuō	脱
변호사	뤼스	lǜshī	律师
변화	삐앤화	biànhuà	变化
병원	이위앤	yīyuàn	医院
보관	빠오관	bǎoguǎn	保管
보너스	지양진	jiǎngjīn	奖金
보다	칸	kàn	看
보석	쥬빠오	zhūbǎo	珠宝
보통우편	핑씬	píngxìn	平信
복숭아	타오즈	táozi	桃子
복습하다	푸시	fùxí	复习
복장	푸쥬앙	fúzhuāng	服装
볶다	챠오	chǎo	炒
볼링	빠오링치요우	bǎolíngqiú	保龄球
봄	춘티앤	chūntiān	春天
부근	푸진	fùjìn	附近
부르다	찌야오	jiào	叫
부부	푸푸	fūfù	夫妇

우리말로 배우는 **중국어 회화**

부엌 츄팡 chúfáng 厨房

부유하다 푸위 fùyù 富裕

부인 푸런 fūrén 夫人

부지런하다 친 qín 勤

부채 샨즈 shànzi 扇子

부치다 편지 찌 jì 寄

북쪽 베이 běi 北

분명하다 밍바이 míngbai 明白

분실 위스 yíshī 遗失

분위기 치펀 qìfēn 气氛

불편하다 뿌 슈푸 bù shūfu 不舒服

비 위 yǔ 雨

비교적 비지야오 bǐjiào 比较

비누 페이짜오 féizào 肥皂

비단 스쵸우 sīchóu 丝绸

비로소 차이 cái 才

비록 쒜이란 suīrán 虽然

비상문 파이핑먼 tàipíngmén 太平门

비서 미슈 mìshū 秘书

비슷하다 챠부뚜어 chàbuduō 差不多

비싸다 페이 guì 贵

비용 페이용 fèiyòng 费用

비자 치앤쩡 qiānzhèng 签证

비행기 페이지 fēijī 飞机

빌딩 따로우 dàlóu 大楼

빌리다 지에 jiè 借

빛 꽝 guāng 光

빠른 콰이 kuài 快

빨강색 홍써 hóngsè 红色

빨리 간콰이 gǎnkuài 赶快

빵 미앤빠오 miànbāo 面包

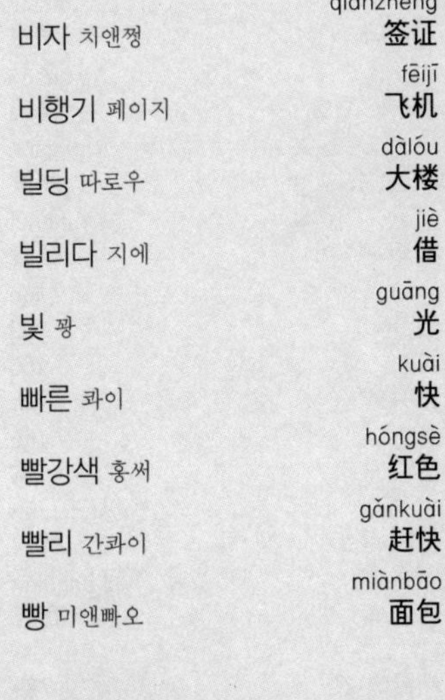

사거리 스즈 루코우 shízìlùkǒu 十字路口

사과 핑구어 píngguǒ 苹果

사다 마이 mǎi 买

사랑하다 아이 ài 爱

사무실 빤꽁스 bàngōngshì 办公室

사실 스스 shìshí 事实

사업 스예 shìyè 事业

사용하다 스용 shǐyòng 使用

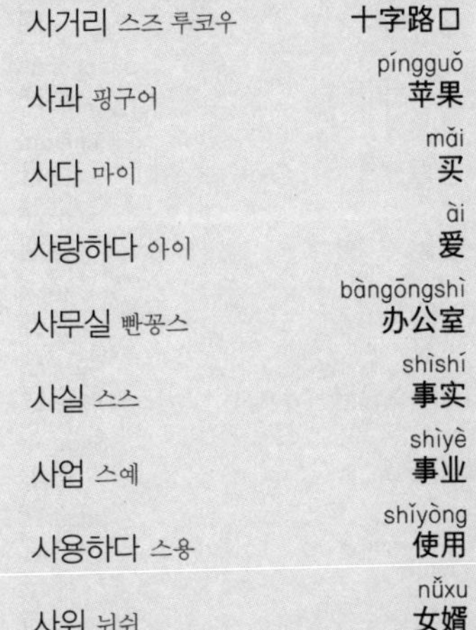

사위 뉘쉬 nǚxu 女婿

한국어	병음 / 한자	한국어	병음 / 한자
사이다 치쉐이	qìshuǐ 汽水	선물 리우	lǐwù 礼物
사전 츠디앤	cídiǎn 词典	~선생 시앤셩	xiānsheng 先生
사진 짜오피앤	zhàopiàn 照片	선생님 라오스	lǎoshī 老师
사회 셔훼이	shèhuì 社会	선택하다 쉬앤저	xuǎnzé 选择
산 샨	shān 山	설명하다 슈어밍	shuōmíng 说明
살다 쭈	zhù 住	설탕 바이탕	báitáng 白糖
삶다 쥬	zhǔ 煮	성격 싱꺼	xìnggé 性格
상인 샹런	shāngrén 商人	성공(하다) 청꿍	chénggōng 成功
상점 샹띠앤	shāngdiàn 商店	성장하다 청쟝	chéngzhǎng 成长
새롭다 신	xīn 新	세계 스지에	shìjiè 世界
새우 시아	xiā 虾	센티미터 꿍펀/리미	gōngfēn / límǐ 公分 / 厘米
색깔 이앤써	yánsè 颜色	소개하다 찌에샤오	jièshào 介绍
샌드위치 싼밍즈	sānmíngzhì 三明治	소금 이앤	yán 盐
생각하다 시양	xiǎng 想	소설 시야오슈어	xiǎoshuō 小说
생산하다 셩찬	shēngchǎn 生产	소시지 시양챵	xiāngcháng 香肠
생일 셩르	shēngrì 生日	소식 시야오시	xiāoxi 消息
생활 셩후어	shēnghuó 生活	소포 빠오구어	bāoguǒ 包裹
서비스 푸우	fúwù 服务	손가락 쇼우즈	shǒuzhǐ 手指
서비스요금 푸우페이	fúwùfèi 服务费	손가방 쇼우티빠오	shǒutíbāo 手提包
서울 쇼우얼	Shǒu'ěr 首尔	손녀 쑨뉘	sūnnǚ 孙女
서점 슈띠앤	shūdiàn 书店	손님 커런	kèrén 客人
서쪽 시	xī 西	손자 쑨즈	sūnzi 孙子

수고하다 신쿠	xīnkǔ 辛苦
수박 시과	xīguā 西瓜
수영(하다) 요우용	yóuyǒng 游泳
수요일 싱치싼	xīngqīsān 星期三
숙제 쭈어예	zuòyè 作业
숟가락 샤오즈	sháozi 勺子
술 지요우	jiǔ 酒
쉬다 시유시	xiūxi 休息
쉽다 롱이	róngyì 容易
슈퍼마켓 챠오지 스챵	chāojí shìchǎng 超级市场
스카프 웨이진	wéijīn 围巾
스케이트 화삥	huábīng 滑冰
스키 화쉬에	huáxuě 滑雪
스튜어디스 콩쭁 시야오지에	kōngzhōng xiǎojie 空中小姐
승객 청커	chéngkè 乘客
시간 스지앤	shíjiān 时间
시원하다 량콰이	liángkuài 凉快
시장 스챵	shìchǎng 市场
시합 비싸이	bǐsài 比赛
시험 카오스	kǎoshì 考试
식당 찬팅	cāntīng 餐厅
식물원 즈우위앤	zhíwùyuán 植物园

식초 추	cù 醋
신고(하다) 선빠오	shēnbào 申报
신문 빠오즈	bàozhǐ 报纸
신발 시에	xié 鞋
신용카드 신용카	xìnyòngkǎ 信用卡
신호등 홍뤼떵	hónglǜdēng 红绿灯
싸다 피앤이	piányi 便宜
쌀밥 미판	mǐfàn 米饭
쓰다 글씨 시에	xiě 写
쓰다 모자 따이	dài 戴
쓰다 맛 쿠	kǔ 苦
씻다 시	xǐ 洗

아가씨 시야오지에	xiǎojie 小姐
아내 치즈/타이타이	qīzi / tàitai 妻子 / 太太
아들 얼즈	érzi 儿子
아래쪽 시아미앤	xiàmiàn 下面
아름답다 메이리	měilì 美丽
아버지 빠바/푸친	bàba / fùqīn 爸爸 / 父亲

한국어	한자(발음)		한국어	한자(발음)
아쉽다 커시	可惜 (kěxī)		어머니 마마/무친	妈妈 / 母亲 (māma / mǔqīn)
아이 하이즈	孩子 (háizi)		어제 쭈어티앤	昨天 (zuótiān)
아직 하이	还 (hái)		언니 지에지에	姐姐 (jiějie)
아침 짜오샹	早上 (zǎoshang)		얼굴 리앤	脸 (liǎn)
아침밥 짜오판	早饭 (zǎofàn)		얼마 뚜어샤오	多少 (duōshao)
아프다 텅	疼 (téng)		얼음 삥	冰 (bīng)
악수하다 워쇼우	握手 (wòshǒu)		없다 메이요우/부짜이	没有 / 不在 (méiyǒu / búzài)
안심하다 팡신	放心 (fàngxīn)		여권 후짜오	护照 (hùzhào)
안쪽 리비앤	里边 (lǐbiān)		여기 쩌얼/쩌리	这儿 / 这里 (zhèr / zhèli)
앉다 쭈어	坐 (zuò)		여동생 메이메이	妹妹 (mèimei)
알다 런스/즈따오	认识 / 知道 (rènshi / zhīdao)		여름 시아티앤	夏天 (xiàtiān)
알리다 까오수	告诉 (gàosu)		역사 리스	历史 (lìshǐ)
앞쪽 치앤미앤	前面 (qiánmiàn)		연구(하다) 이앤지요우	研究 (yánjiū)
애인 뛔이시양	对象 (duìxiàng)		연습(하다) 리앤시	练习 (liànxí)
야구 빵치요우	棒球 (bàngqiú)		열쇠 야오스	钥匙 (yàoshi)
야채 슈차이	蔬菜 (shūcài)		열이 나다 파샤오	发烧 (fāshāo)
약국 야오띠앤	药店 (yàodiàn)		영어 잉위	英语 (yīngyǔ)
약속하다 위에띵	约定 (yuēdìng)		영화 띠앤잉	电影 (diànyǐng)
양복 시푸	西服 (xīfú)		옆 팡비앤	旁边 (pángbiān)
얕다 치앤	浅 (qiǎn)		예약하다 위띵	预订 (yùdìng)
어떻게 쩐머	怎么 (zěnme)		오늘 진티앤	今天 (jīntiān)
어렵다 난	难 (nán)		오다 라이	来 (lái)

오래되다	찌요우	jiù	旧
오랫동안	지요우	jiǔ	久
오르다	샹	shàng	上
오른쪽	요우비앤	yòubiān	右边
오빠	꺼거	gēge	哥哥
오전	샹우	shàngwǔ	上午
오후	시아우	xiàwǔ	下午
온도	원뚜	wēndù	温度
옷	이푸	yīfu	衣服
와이셔츠	천샨	chènshān	衬衫
외국어	와이구어위	wàiguóyǔ	外国语
외국인	와이구어런	wàiguórén	外国人
왼쪽	주어비앤	zuǒbiān	左边
욕실	위스	yùshì	浴室
용서하다	위앤량	yuánliàng	原谅
우리	워먼/잔먼	wǒmen / zánmen	我们 / 咱们
우산	위싼	yǔsǎn	雨伞
우유	니유나이	niúnǎi	牛奶
우정	요우이	yǒuyì	友谊
운동(하다)	윈똥	yùndòng	运动
운전기사	스지	sījī	司机
울다	쿠	kū	哭
웃다	시야오	xiào	笑
월요일	싱치이	xīngqīyī	星期一
위쪽	샹미앤	shàngmiàn	上面
유리	보어리	bōlí	玻璃
유명하다	요우밍	yǒumíng	有名
은	인	yín	银
은행	인항	yínháng	银行
음식	차이	cài	菜
음악	인위에	yīnyuè	音乐
의사	따이푸/이셩	dàifu / yīshēng	大夫 / 医生
의자	이즈	yǐzi	椅子
이것	쩌/쩌거	zhè / zhège	这 / 这个
이륙하다	치페이	qǐfēi	起飞
이름	밍즈	mímgzi	名字
이모	이무	yímǔ	姨母
이모부	이푸	yífu	姨父
이상하다	치꽈이	qíguài	奇怪
이해하다	똥/리야오지에	dǒng / liǎojiě	懂 / 了解
인민폐	런민삐	rénmínbì	人民币
일(하다)	꿍쭈어	gōngzuò	工作
일본	르번	Rìběn	日本
일어나다	치	qǐ	起

일요일	싱치티앤(르)	xīngqītiān (rì) 星期天(日)		재미있다	요우이쓰	yǒuyìsi 有意思
잃어버리다	띠요우	diū 丢		잼	구어지양	guǒjiàng 果酱
입	쮀이	zuǐ 嘴		쟁반	판즈	pánzi 盘子
입다	츄안	chuān 穿		저것	나	nà 那
입장권	먼피야오	ménpiào 门票		저기	날/나리	nàr / nàli 那儿 / 那里
있다	짜이/요우	zài / yǒu 在 / 有		저녁	완샹	wǎnshang 晚上
잊다	왕	wàng 忘		저녁밥	완판	wǎnfàn 晚饭
				적다	양 샤오	shǎo 少
				적합하다	허스	héshì 合适
				전부	이꽁	yígòng 一共
				전화	띠앤화	diànhuà 电话
				전화번호	띠앤화 하오마	diànhuà hàomǎ 电话号码

자기	쯔지	zìjǐ 自己		젊다	니앤칭	niánqīng 年轻
자동차	치쳐	qìchē 汽车		점심	쫑우	zhōngwǔ 中午
자전거	쯔싱쳐	zìxíngchē 自行车		점심밥	우판	wǔfàn 午饭
작가	쭈어지아	zuòjiā 作家		접시	디에즈	diézi 碟子
작년	취니앤	qùnián 去年		젓가락	콰이즈	kuàizi 筷子
작다	시야오	xiǎo 小		제일	띠이	dìyī 第一
잔돈	링치앤	língqián 零钱		조금	이디얼	yìdiǎnr 一点儿
잠자다	쉐이지야오	shuìjiào 睡觉		조심하다	시야오신	xiǎoxīn 小心
잡지	자즈	zázhì 杂志		졸업하다	삐예	bìyè 毕业
장사	마이마이/성이	mǎimai / shēngyi 买卖 / 生意		좁다	쟈이	zhǎi 窄
재떨이	이앤훼이깡	yānhuīgāng 烟灰缸				

한국어	중국어 (병음)
종업원 푸우위앤	fúwùyuán **服务员**
종이 즈	zhǐ **纸**
좋아하다 시환	xǐhuan **喜欢**
좋다 하오	hǎo **好**
주문하다 디앤차이	diǎncài **点菜**
주사 다쩐	dǎzhēn **打针**
주의하다 쭈이	zhùyì **注意**
주인 쥬런	zhǔrén **主人**
주장하다 쥬짱	zhǔzhāng **主张**
죽다 쓰	sǐ **死**
준비하다 쥰뻬이	zhǔnbèi **准备**
중간 쭝지앤	zhōngjiān **中间**
중국 쭝구어	Zhōngguó **中国**
중국어 한위	Hànyǔ **汉语**
중요하다 쭝야오	zhòngyào **重要**
즐겁다 콰이러	kuàilè **快乐**
지각하다 츠따오	chídào **迟到**
지구 띠치요우	dìqiú **地球**
지나다 징꾸어/꾸어취	jīngguò / guòqù **经过 / 过去**
지도 띠투	dìtú **地图**
지불하다 푸/즈푸	fù / zhīfù **付 / 支付**
지폐 챠오피야오	chāopiào **钞票**

한국어	중국어 (병음)
지하철 띠티에	dìtiě **地铁**
직업 즈예	zhíyè **职业**
직원 즈위앤	zhíyuán **职员**
진주 쩐주	zhēnzhū **珍珠**
진지하다 런쩐	rènzhēn **认真**
진짜(로) 쩐더	zhēnde **真的**
짐 씽리	xíngli **行李**
집 지아/팡즈	jiā / fángzi **家 / 房子**
짜다 시앤	xián **咸**
짧다 뚜안	duǎn **短**
~쪽으로 왕	wǎng **往**
찌다 쩡	zhēng **蒸**

한국어	중국어 (병음)
차 음료 챠	chá **茶**
차 교통 쳐	chē **车**
차멀미 윈쳐	yūnchē **晕车**
차비 쳐페이	chēfèi **车费**
착륙하다 찌앙루어	jiàngluò **降落**
참가하다 찬지아	cānjiā **参加**

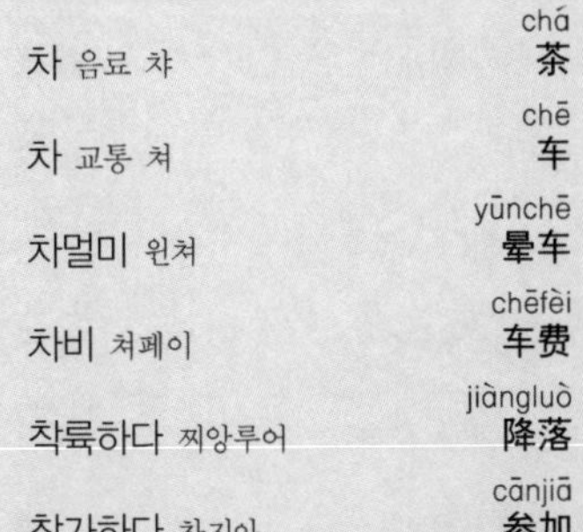

참새 마취에	máquè	麻雀
창가 카오 츄앙코우	chuāngkǒu	窗口
찾다 쟈오	zhǎo	找
책 슈	shū	书
처리하다 빤	bàn	办
처음 츄츠	chūci	初次
천 1,000 치앤	qiān	千
첨가하다 티앤	tiān	添
체온 티원	tǐwēn	体温
초청하다 야오칭	yāoqǐng	邀请
촬영하다 셔잉	shèyǐng	摄影
축구 주치요우	zúqiú	足球
축하하다 꽁시/쭈허	gōngxǐ / zhùhè	恭喜 / 祝贺
출구 츄코우	chūkǒu	出口
출근하다 샹빤	shàngbān	上班
출발하다 츄파	chūfā	出发
춤추다 티야오우	tiàowǔ	跳舞
춥다 렁	lěng	冷
충분하다 꼬우	gòu	够
취미 아이하오	àihào	爱好
취소하다 취시야오	qǔxiāo	取消
취하다 쮀이	zuì	醉

측정하다 량	liáng	量
치과 야커	yákē	牙科
치마 췬즈	qúnzi	裙子
치약 야까오	yágāo	牙膏
치통 야텅	yáténg	牙疼
친구 펑요우	péngyou	朋友
친절하다 러칭	rèqíng	热情
친척 친치	qīnqi	亲戚
침대 츄앙	chuáng	床
칫솔 야슈아	yáshuā	牙刷

카메라 짜오시양지	zhàoxiàngjī	照相机
칼 따오즈	dāozi	刀子
커피 카페이	kāfēi	咖啡
커피숍 카페이팅	kāfēitīng	咖啡厅
컴퓨터 띠앤나오	diànnǎo	电脑
컵 뻬이즈	bēizi	杯子
케이크 딴까오	dàngāo	蛋糕
코 비즈	bízi	鼻子

콜라 커러 · kělè · 可乐

크다 따 · dà · 大

키 꺼즈 · gèzi · 个子

킬로그램 꽁진 · gōngjīn · 公斤

킬로미터 꽁리 · gōnglǐ · 公里

타다 말 치 · qí · 骑

타다 차 쭈어 · zuò · 坐

탁구 핑팡치요우 · pīngpāngqiú · 乒乓球

탁자 쮸어즈 · zhuōzi · 桌子

탑 타 · tǎ · 塔

태양 타이양 · tàiyáng · 太阳

택시 츄주 치쳐 · chūzū qìchē · 出租汽车

테니스 왕치요우 · wǎngqiú · 网球

텔레비전 띠앤스 · diànshì · 电视

토요일 싱치리요우 · xīngqīliù · 星期六

퇴근하다 시아빤 · xiàbān · 下班

튀기다 쟈 · zhá · 炸

특별하다 터비에 · tèbié · 特别

파랑색 란써 · lánsè · 蓝色

팔다 마이 · mài · 卖

패스트푸드 콰이찬 · kuàicān · 快餐

편리하다 팡비앤 · fāngbiàn · 方便

편안하다 슈푸 · shūfu · 舒服

편지 신 · xìn · 信

포도 푸타오 · pútao · 葡萄

포도주 푸타오지요우 · pútaojiǔ · 葡萄酒

포장하다 빠오쮸앙 · bāozhuāng · 包装

포크 챠즈 · chāzi · 叉子

표 피야오 · piào · 票

표시하다 비야오스 · biǎoshì · 表示

표준 비야오쮼 · biāozhǔn · 标准

표현하다 비야오시앤 · biǎoxiàn · 表现

풍경 펑징 · fēngjǐng · 风景

필름 지야오쥐앤 · jiāojuǎn · 胶卷

필요없다 뿌야오 · búyào · 不要

필요하다 쉬야오 · xūyào · 须要

필통 치앤비허 · qiānbǐhé · 铅笔盒

하늘 티앤/티앤콩	tiān / tiānkōng	天 / 天空
하다 쭈어/깐	zuò / gàn	做 / 干
하루종일 쩡티앤	zhěngtiān	整天
학교 쉬에시야오	xuéxiào	学校
학급 빤	bān	班
학생 쉬에셩	xuésheng	学生
한가하다 시앤	xián	闲
한국 한구어	Hánguó	韩国
한국사람 한구어런	Hánguórén	韩国人
한국어 한구어위	Hánguóyǔ	韩国语
한자 한쯔	Hànzì	汉字
~할 수 있다 넝/훼이	néng / huì	能 / 会
함께 이치	yìqǐ	一起
항상 징챵/챵챵	jīngcháng/chángcháng	经常 / 常常
~해도 좋다 커이	kěyǐ	可以
해산물 하이시앤	hǎixiān	海鲜
행동하다 싱똥	xíngdòng	行动
행복 싱푸	xìngfú	幸福
행인 싱런	xíngrén	行人

향수 시양쉐이	xiāngshuǐ	香水
허리 야오	yāo	腰
헤어지다 싼	sàn	散
현재 시앤짜이	xiànzài	现在
혈압 쉬에야	xuèyā	血压
혈액형 쉬에씽	xuèxíng	血型
형 꺼거	gēge	哥哥
호텔 판띠앤	fàndiàn	饭店
홍차 홍챠	hóngchá	红茶
화가 화지아	huàjiā	画家
화가 나다 셩치	shēngqì	生气
화요일 싱치얼	xīngqī èr	星期二
화장실 시쇼우지앤	xǐshǒujiān	洗手间
화장품 화쥬앙핀	huàzhuāngpǐn	化妆品
환전(하다) 환치앤	huànqián	换钱
회사 꿍쓰	gōngsī	公司
회의(하다) 훼이이	huìyì	会议
후회(하다) 호우훼이	hòuhuǐ	后悔
휴지 웨이셩즈	wèishēngzhǐ	卫生纸
흐리다 인	yīn	阴
희망하다 시왕	xīwàng	希望
흰색 바이써	báisè	白色

 우리말로 배우는 **중국어 회화**

저자 차오홍메이
녹음 차오홍메이 · 위하이펑

1판 1쇄 2007년 11월 15일
발행인 송운하   발행처 (주)동인랑
책임편집 김인숙   내지디자인 김혜경 · 김소아
표지디자인 김소아   인쇄 삼덕정판사

130-872
서울시 동대문구 회기동 60-110

대표전화   02-967-0700
팩시밀리   02-967-1555
출판등록   제 6-0406호

ISBN 978-89-7582-482-1

인터넷의 세계로 오세요.

www.donginrang.co.kr   webmaster@donginrang.co.kr

(주)동인랑에서는 참신한 외국어 원고를 모집합니다.   잘못된 책은 교환해 드립니다